中公新書 2321

武部健一著

道路の日本史

古代駅路から高速道路へ

中央公論新社刊

はじめに

昭和三十七年（一九六二）、私は東名《とうめい》高速道路の建設のため、静岡市にいた。そこで高速道路の計画路線が駿河《するが》国分寺《こくぶんじ》の遺跡にかかっているのではないか、という問題が持ち上がった。当時は今のように埋蔵文化財の事前調査がしっかりしていなかった。もしそれが事実なら計画ルートを変更しなければならない。調査の結果、国分寺であることが確認されるに至らなかったため、路線は変えず、盛土構造を高架構造に変更して、寺院の遺構の損壊をできるだけ少なくすることで解決したが、路線計画の担当技術者としては、記憶に残るものであった。その後、高速道路の建設は次々と展開され、そのうち私自身が関与したものでは、甲《か》斐《い》国（現山梨県）の国分寺付近と上野《こうずけ》国（現群馬県）の国分寺付近の二ヵ所で、すぐ近くを高速道路が通ることになった。

これらの国分寺との出会いが、在来の国道や街道筋のそばで起こったのなら、当然あり得ることとして、それほど注意を引かなかったかもしれない。しかしこれらの場所はみな在来の幹線道路から少し外れたところにあった。奈良時代に建立された国分寺は国府《こくふ》のそばにあり、また古代の駅路《えきろ》もその近くを通っていたはずである。いっぽう、全国各地で高速道路の計画路線は、古代の古墳や古代遺跡とぶつかって難渋していた。そんなことから、高速道路は古代に関係深い地点を通ることが決して偶然ではないこと、また駅路とも関係深いことが分かってきた。

このことがきっかけで、私はその後、道路の歴史を勉強するようになった。高速道路と古代駅路、これはいずれも国家の産物であり、国がしっかりしている時代は、道路網もまた強固であることを見てきた。

いざという場合に、一番役立つのは道路なのだ。そして、それは必ず国家という政治の基本母体が後ろに控えている。古代律令《りつりょう》国家の駅路整備から、鎌倉幕府による「鎌倉街道」のネットワーク、織田信長《おだのぶなが》の幅三間半の公道規格、江戸幕府の五街道整備など、政治的な時代区分と対比させると分かりやすい。道路の制度も実態も、政治的な節目で変わってくるのがはっきりしている。なぜなら、道路は人間の歴史とともに歩んできたが、それを造るのは個々の人びとではなく、小は集落の単位組織から大は一国の政府まで、一連の社会的なつながりによって造られ、守られてきたからである。

つまり、道路を見れば日本の歴史がよく分かる。本書では道路という物言わぬ基幹的なインフラストラクチャを通して日本を見ることによって、日本と道路の双方の歴史を、より鮮明に描き出すことを試みることとしたい。

目次

第一章　世界の道路史と日本

世界の道路史における最初の政治的エポック、ローマの道

道路を歴史の流れで見ていくと、大きな政治の力を見ることができる。その最初はほぼ二〇〇〇年前に世界の二ヵ所で起こっている。そのことを最初に指摘したのは、イギリスの科学史家ジョセフ・ニーダム（一九〇〇―九五）である。彼は著書『中国の科学と文明』のなかで、「紀元の前後数世紀における世界で、一つはイタリア半島の一角に、もう一つは中国で黄河《こうが》の山西《さんせい》山脈の屈曲部あたりに、それぞれの中心部から樹状に延びる道路交通網が、お互いに何の関連もなく広がった」と記す。

なぜニーダムはイタリア半島と中国で同時期に「お互いに何の関連もなく」道路網が広がったといったのだろう。イタリア半島の一角とは言うまでもなく古代ローマの中心地を示し、

中国の「山西山脈の屈曲部あたり」とは長安《ちょうあん》を示し、中国全土をはじめて一手に収めて統一した秦始皇帝《しんしこうてい》の帝国のことを意味している。しかも古代ローマと古代中国は地球を半周するほど遠く離れていて、文化的にもこの時点では交流の気配はない。だから、お互いに知り合って、それをどちらかが真似《まね》たわけではない。そうすると、強大な権力と広大な領域という二つの要素が、道路交通網というインフラ機構を生み出したとするほか考えようがない。以下に、この両国の道路の状態を少し見渡してみよう。

古代ローマの道路網は「すべての道はローマに通ず」のことわざに名高い。その最初は、紀元前三一二年にアッピウス・クラウディウス・カエクスの命令によって建設が始まったアッピア街道である。古代ローマは、共和政と帝政時代を含めてほぼ一〇〇〇年の歴史を持つが、版図がもっとも大きくなったのが、トラヤヌス帝(在位九八—一一七)の時代で、七二〇万平方キロメートルに及んだ。地域的に見れば、現在のドナウ川から西のヨーロッパ全土(イギリスを含む)とアフリカ北海岸地域、トルコ、シリア、イラクあたりまでの中東地域の一部を含んでいた。そのときのローマの道は総延長二九万キロ(以下、キロメートルを単にキロとする)、うち主要幹線(現在の高速道路網に相当すると考えればよい)は、少しあとの記録であるが、八万六〇〇〇キロあったとのことである。現在のアメリカ合衆国本国の面積は九

図１―１　アッピア街道　ローマ近郊（写真・Robert Harding／アフロ）

三六万平方キロ余でトラヤヌス帝時代のローマより少し広いが、幹線高速道路である州際道路（インターステート・ハイウェイ）は約九万キロ（二〇〇三年）であるから、面積比率で見れば、ローマの道のほうが密である。

ローマの道には、ローマ帝国の初代皇帝であるアウグストゥス（在位紀元前二七―後一四）が定めた法律によって道幅の規定があり、主要幹線道路では一二メートルであった。

それまでも道はあった。しかし、点と点をつなぐ線である限りでは、その二つの町にとって意味があるだけである。国家という組織体において意味を持つのは、道路網――ネットワーク――として機能したときである。それを創ったのがローマ人であった。

ローマの道の目的について、藤原武《ふじわらたけし》は、「第一に軍隊の輸送、第二に政府役人の公用旅行、第三が生産物の輸送交流、第四に民間人の旅行」、としている。これは古代国家が造った幹線道路網にほぼ共通な特性で、程度の差はあっても、日本の古代駅路を含め、本質的には変わらないように見える。

東アジアにおける巨大道路網の展開

ニーダムが指摘した、もう一つの古代の道路システムは、東アジアの中国に誕生した。紀元前二二〇年までに、秦の始皇帝は全国にわたる大規模な道路システムの建設を開始した。これを馳道《ちどう》という。馳道という言葉は一般的に皇帝の通る道を意味するが、実際には始皇帝以外に使われたことはなく、始皇帝の造った道路網そのものを意味している。始皇帝はその前年の紀元前二二一年に、自国の秦を含めて燕《えん》・韓《かん》・趙《ちょう》・魏《ぎ》・斉《せい》・楚《そ》などを征服し、中国を統一した。馳道は秦の首都咸陽《かんよう》を中心として、戦国時代の諸侯列国の首都を連接し、さらに全国に延びるものであった。その総延長を現代中国の公式記録ともいうべき『中国公路史』は一万七九二〇里とする。秦漢時代の度量衡制度では、一里は四一七・五メートルであったので、おおむね七四八一キロである。ローマの道に比べれば、一〇分の一程度であるにしても、当時の秦帝国の版図が現在の中国（約九六〇万平方キロ）の三分の一程度であったことや、建設期間がわずか一〇年程度であったことからすれば、決して小さなものではなかろう。

馳道の構造について、『漢書《かんじょ》』には、「道幅は五十歩、路側には三丈ごとに青松を植え、外側を鉄槌《てっつい》で硬く突き固めた」とある。道幅の五〇歩とは約七〇メートル、青松の間隔の三丈は約七メートルになる。中国の科学技術に深い理解を示すニーダムですら、『漢書』の示す五〇歩は五〇尺の書き誤りだろうとした。五〇尺ならば一一・五メートルとなって常識的な数字になる。しかし現代の中国では、古代の文献に記載されていることが発掘などによって実証されることが少なからずあり、文献の数値を頭から疑ったりしない。『中国公路史』も、これまでの考証があるとして、五〇歩には誤りがないとしている。残念ながら馳道の考古学的発掘の事例はまだない。

馳道の建設の終わりのころに、始皇帝は直道《ちょくどう》という、首都咸陽から北に向かっておよそ七五〇キロの直線的な軍事道路の建設を命じた。北からの匈奴《きょうど》の侵攻に備えるためであった。この道は現在かなり調査が進んでいて、陝西《せんせい》省や甘粛《かんしゅく》省で幅三〇メートル程度の遺構が各所に発見されている。現在、中国ではこの直道を「中国最初の高速道路」と呼んでいる。直道は馳道の一環でもあった。つまり、馳道とは古代中国の高速道路網であったのだ。直道の考古学的発掘実績から類推すれば、馳道の道幅も『漢書』に記された五〇歩（約七〇メートル）という数字に近いものであった可能性が高い。

ただ、馳道の幅約七〇メートルといっても、中央部の三丈（約七メートル）は皇帝専用であり、皇帝の命じた使者たちですら、その部分を通ることを許されず、外側の側道部分を通れるだけだった。『中国公路史』によれば、馳道の建設には三つの目的があったという。第一は全国統一の戦略施設を強化して、征服した六国の貴族たちの復活を防ぐこと、第二は六国の財宝を秦の首都咸陽に輸送すること、第三は阿房宮《あぼうきゅう》や驪山《りざん》など七〇〇ヵ所あまりの宮殿の建設に必要な資材を運搬するためであった。『中国公路史』は、始皇帝の事績にはかなり否定的である。つまり、馳道の目的を少なからず皇帝自身の私欲充足のためとしている。事実、秦帝国そのものの存在が短かった。始皇帝自身が紀元前二一〇年に、馳道による何度目かの全国巡遊の途中で病死し、その遺体は喪を秘したまま、轀輬車《おんりょうしゃ》という格子窓のある一種の空調車に載せられて、馳道から直道を回って首都咸陽に戻った。その後数年にして、秦帝国は瓦解《がかい》した。わずか四〇年の帝国であった。

急激な改革のみならず、道路網が皇帝の私欲を満足するためにのみ使われ、一国全体の繁栄に寄与するところが少なくては、その国の寿命が短いのも当然のことであった。ほぼ同じころに起こった古代ローマは一〇〇〇年の歴史を刻んでいる。同じような道路網を持っても、その使い方によっても国全体の生命にかかわるものであることを、この古代の二つの国は示しているのだ。

なお、そのような道路網を持つ最初の古代国家は、道の歴史のバイブルともいうべきヘルマン・シュライバーの『道の文化史』によれば、「王の道」を持つ古代のアケメネス朝ペルシャ帝国である。同国のダレイオス一世（在位紀元前五二二―四八六）は、ペルシャ湾近くの首都スーサ（現イラン国内）から地中海に近いサルディス（現トルコ国内）まで約二五〇〇キロの、帝国を縦貫するような「王の道」を造っている。余談だが、シュライバー自身が『道の文化史』は、日本でもっともよく読まれたと、この本の続編ともいうべき著書のなかで述懐している。

残念ながらペルシャ帝国は、一〇〇年あまり経《た》って、マケドニアのアレクサンドロス大王(在位紀元前三三六―三二三)に攻められて滅亡した。その際、王の道は侵攻軍に逆に利用されてしまった。

世界の東西を結ぶシルクロードと道路技術

始皇帝を倒して打ち立てられた漢帝国では、国家統一や経済の発展、商工業の発達によって関所が廃止され、渡し場も開放されて道路建設が全国的に進められ、西域のシルクロードがユーラシア大陸を結ぶ国際的な大幹線道路として登場する。東西世界の文化交流の始まりである。ここで断っておかねばならないのは、この道はローマ道や馳道のように明確な道路構造を持っているのではないということだ。特に砂漠地帯ではむしろルート(道筋)とでもいうような一定の幅を持った地帯のなかを、それぞれの時代の条件に従って最適な場所を選んで往来するという交通路であったと考えたほうがよい。

さて、この東西両域を結ぶルートを通じて、どのような文明と文化が運ばれたのか。紀元前一三〇年前後に武帝《ぶてい》が西域に派遣した張騫《ちょうけん》によって、玉《ぎょく》や葡萄酒《ぶどうしゅ》その他の商品のほか、天文、暦学、幻術、西域の植物、音楽、衣服などさまざまな西方文化が東方にもたらされた。時代は下るが、唐《とう》代になると、隊商によって宝石、香料、金銀細工、象牙《ぞうげ》細工、織物、薬品などの物産が入ってきた。逆に東から西へは、シルクロードの名が示すように、絹が中心ではあったものの、紙と製紙法も西へ向かった重要な文化だった。

ここで東西の道路の技術に触れておこう。道路の一部であり、その重要な構成要素である橋とトンネルの技術について見ることにする。橋の象徴ともいうべき形式にアーチ橋がある。古代ローマの道にも各所に造られ、現存もしている。そのためアーチは西から東へ伝来したという考え方もあるが、私の研究では東西の中間にあたるメソポタミアで発生した技術が双方に伝播《でんぱ》して、それぞれ独自に発展したと見る（武部「アーチは東漸したか」『第九回日本土木史研究発表会論文集』）。またトンネルも同様で、それぞれ独自に発展したようだ。

トンネルについて両者を少し見てみよう。世界のトンネル史上で、建設年代の明らかな最初の道路トンネルは、ローマ時代に造られたナポリ市街から同市西郊のポッツオ港の間のポシリポとセイアノの二本のトンネルとされている。皇帝専用のセイアノ・トンネルは長さ約一キロ、幅三・五〜六・三メートル、高さ四・六〜九・三メートルで、採光用立坑を持っていた。完成年次の記録はない。ポシリポ・トンネルのほうは公共用で、長さはほぼ同じだが、断面はやや小さく明かり取りはなかった。ポシリポ・トンネルでは車は通れなかったようだ。こちらは紀元前三六年の完成と記録されている。

一方の中国でも、後漢《ごかん》時代（西暦一〜三世紀初頭）には車の通れるトンネルも造られている。長らく古代中国の首都であった長安（咸陽）と蜀《しょく》との間には、秦嶺《しんれい》山脈という中国内陸部最大の交通上の難関があった。『三国志《さんごくし》』の舞台にもなるこの地の褒斜道《ほうやどう》という道筋に、このトンネルは造られた。石門《せきもん》と呼ばれている。長さ一五・七五メートル、幅四・一五メートル、高さ三・六メートルで、後漢時代の永平《えいへい》六年（西暦六三年）に着工、三年かけて永平九年（六六年）に完成した。『中国公路史』は世界の交通史上最初の企てと記している。当時の車の幅は一・五メートル、トンネルの途中で車のすれ違える幅があった。

こうして見ると、ローマと中国で同じような時期に車の通行できるトンネルが完成している。ローマのほうの車行トンネルであるセイアノ・トンネルの完成時期は明らかでないが、一般用のポシリポとおそらく似たような時期に完成していただろう。しかし紀元の前後に、ヨーロッパと中国で同じようなトンネルが掘られていたことは、ローマの道と中国の馳道が

図1—2　ポシリポのトンネル　1840年ころ
（提供・Bridgeman Images／アフロ）

並び称されたことと照応するものといえよう。トンネルの長さでいえば、ローマの約一キロに対し、中国の一五メートル強では比較にならないようだが、岩質を比べてみると、ローマの場合はポシリポ・トンネルを通った哲人セネカが、「中の埃《ほこり》がすさまじい」と記しているように比較的柔らかいのに対して、中国の石門は岩質がはるかに硬く、「火焼炸激《さくげき》法」という古来の岩石破壊法を使ったと見られるので、技術的な困難度からすればいい勝負であろう。

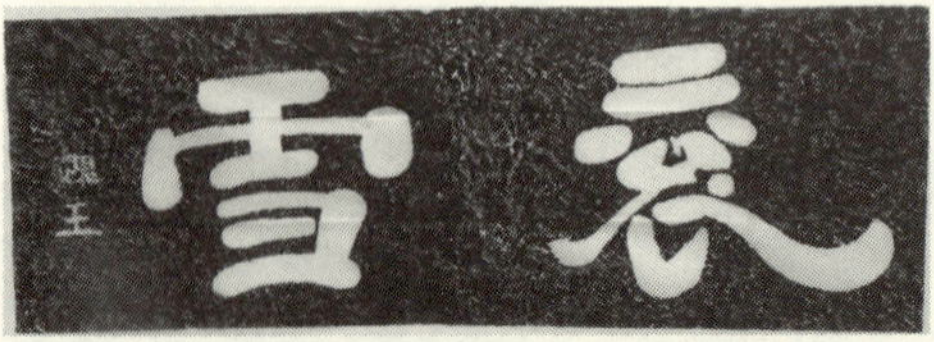

図1―3　曹操の磨崖石刻（拓本）

なお、石門はダム建設によって水没し、切り取られた構造や記念物の一部が、博物館に保存・展示されている。ちなみに、二〇〇七年に中国陝西省の秦嶺山脈を貫く全長一八・〇二キロの終南山《しゅうなんざん》トンネル（往復二本）が開通して、世界最長の高速道路トンネルとなったのも、長い世界の道路史のなかで偶然ではないであろう。このトンネルは石門のやや東にある。石門の傍らには、その後、三国の争いに勝った魏王の曹操《そうそう》が立ち寄り、そこに磨崖石刻《まがいせっこく》を残した。それも今は博物館にある。その拓本が図1―3である。「衮雪《こんせつ》」とある。「滾々《こんこん》と降る雪」の意である。ちょうど訪れた季節が冬であったのか。署名に魏王とあるが、彼は帝位には就かなかった。曹操は『三国志演義《えんぎ》』の世界では悪役で評判が悪いが、文学には造詣《ぞうけい》が深く、なかなかの人物である。

日本に影響を与えた三国から隋・唐の道と橋

さて、ここまでローマと古代中国という東西二国の歴史をたどってきたのも、日本の道の歴史にたどり着きたいためであった。

中国では後漢の後、三国鼎立《ていりつ》の時代に入って、魏・呉《ご》・蜀の社会では、組織だった道路網が造られることはなかったが、それでも諸葛孔明《しょかつこうめい》に率いられる蜀軍は、長安を中心に根を張る魏を討とうとして、秦嶺山脈を越える道を造って軍を進めた。蜀の桟道《さんどう》と呼ばれる道である。桟道というのは、川沿いの切り立った石の崖《がけ》沿いに支柱を立てて、そこに橋を架ける方法である（図1―4）。今では復元した場所もあるが、大変な難工事であった。

図1―4　蜀の桟道（茅以升『中国古橋技術史』1986より）

そこに手押し車なども通した。先の石門はその道路に続く部分にあったものだ。

三国鼎立に終止符を打ったのは魏であった。この魏の時代に、その使者がはじめて日本を訪れた。『魏志倭人伝《ぎしわじんでん》』の世界である。

時代はさらに進んで、中国では両晋《しん》から南北朝へと続いた分割統治時代から、隋《ずい》・唐という統一王朝の時代へと進む。七世紀の隋の煬帝《ようだい》は大運河とそれに沿った大道路、それに長安と洛陽《らくよう》の二都を結ぶ幹線道路（両京道路）を開き、また中国で現存する最古の石橋である趙《ちょう》州《しゅう》橋（別名安済橋《あんさいきょう》。現河北《かほく》省）は、隋代の建造にかかる。隋を継いだ唐代には全国的な道路網が造られ、駅路が整備された。日本の僧円仁《えんにん》（後の慈覚《じかく》大師）が、遣唐使船によって唐に渡り、広く各地を巡って、首都長安に到達したのが、日本の承和《じょうわ》五年（八三八）八月のことであり、さらに長安・洛陽間の両京道路も利用して、日本に帰国したのが承和十四年（八四七）九月、ほぼ九年の旅であった。円仁が記した『入唐求法巡礼行記《にっとうぐほうじゅんれいこうき》』は、日本の文化に大きな影響をもたらした。『入唐求法巡礼行記』には、唐では五里（約三キロ）ごとに一つの土堆《どたい》（土で築いた道標）が築かれ、一〇里ごとに二つの土堆が築かれているといった、道路についての記述もある。近年も研究者による行程の一部を追体験するツアーが試みられるなど、残された記録の影響は大きい。

日本は、駅伝制度などソフト技術については中国から駅制を導入して全国的に機能させたが、建設技術、とりわけてアーチ橋梁《きょうりょう》の架橋技術や岩石トンネルの掘削技術の導入については、時期的にきわめて遅い。石造アーチ橋梁については、後に見るように近世の江戸期に、九州一円（中国地方の一部を含む）で中国の明《みん》・清《しん》から技術が導入されて発達したものの全国的展開には至らず、トンネルについては明治期に至るまで技術導入をした形跡はない。著名な大分県耶馬渓《やばけい》の青《あお》の洞門《どうもん》も、一人の独創的かつ実践的な人物によって推進されるが、その技術は個人で扱うことが可能な程度の範囲にとどまっていて、いわゆる科学技術の導入は、明治期以前に見ることはできない。日本では、家屋や橋梁においては木材を中心とした技術は発達したが、石については城郭の石垣築造は全国展開を見せたものの、石橋は九州を中心とした一部にとどまった。

対中国でいえば、宋《そう》以降の中国による、道路に関する制度や技術の日本への影響はほとんど取り上げるほどのものはない。

世界に共通した中世の道路整備の停滞

ローマ帝国が衰亡した後、ヨーロッパの道路は長い衰退期に入る。先に見たニーダムは、

図1―5　アンリ4世の遭難（H. Schreiber, *The History of Roads*, 1961より）

ヨーロッパと中国でほぼ同時に起こった偉大な道路システムの共通点として、両者とも紀元三世紀以後に長い衰退期に落ち込んだことを指摘する。

　ヨーロッパでは、ローマ帝国が衰微し、十八世紀後半の産業革命期を迎えるまで、道路はローマ時代の遺産を食いつぶすだけだった。ローマの道はきわめて利用価値の高い資材で造られていた。後世の農夫はかつての道路から石をはずして、家畜小屋や家を増築し、あるいは農事小屋を造ったりした。

　フランスでは、貴族や国王までもが荒廃した道路での災難や危険に遭遇した。先にも引用したヘルマン・シュライバーの『道の文化史』は、一六〇六年六月九日、パリはセーヌ河畔でフランス国王アンリ四世を乗せた馬車が道路上で泥濘《でいねい》に浸《つ》かり、横転した惨状の銅版画を紹介している。

　このようなヨーロッパ全土を覆う道路の惨状は、十八世紀になってようやく改善の兆しが見えはじめた。ここに一枚の絵がある。「大道路の建設」と名づけられ、パリのルーヴル美術館に所蔵されている。クロード・ジョゼフ・ヴェルネ（一七一四―八九）というフランスの画家の描いたもので、おそらく芸術家の描いた最初の道路建設の絵だろうとされている。

図1―6　「大道路の建設」（ヴェルネ画）

絵の下部中央に馬の背にまたがった一人の技術者とそれを取り囲むように従者たちがいる。記録によると、馬上の人物はパリの有名な王立土木学校の初代校長であったジャン・ペロネ（一七〇八―九四）である。ペロネは工事の総監督で、現場責任者から報告書を受け取っている。路盤工事を終えた部分では栗石《ぐりいし》（工事用の玉石《たまいし》）が敷き均《なら》され、その上に舗石《ほせき》が並べられて、ランマー（鉄槌）で作業員が突き固めている。すでに出来上がった部分にはマイルストーン（一里塚）が置かれ、遠くにはアーチ橋の工事が進んでいる。この絵は、まさに産業革命期において、ようやく近代的な馬車道が誕生したことを物語っている。しかしよく見ると、この道路工事の様子はローマ時代とほとんど変わりがない。つまり、まだ産業革命による蒸気機関その他の近代産業の恩恵が見られていない。

なお、この絵が日本で知られるようになったのは、戦後の一九六〇年代に日本で最初の高速道路である名神《めいしん》高速道路の技術指導をしたドイツのクサヘル・ドルシュ（一八九九―一九八六。第六章参照）が、この絵の複製画を何枚も日本に持参し、関係者に贈ったことによる。

ヨーロッパの道を本格的に造り直したのは、ナポレオンであった。ナポレオン・ボナパルト（一七六九―一八二一）は全ヨーロッパを征服しようとの野望を抱いたが、戦争に勝つためには軍隊の輸送と物資補給のための輸送路の確保が何よりも大切なことを知っていた。まだ執政であった一八〇〇年、第二次イタリア遠征のためにアルプスのグラン・サン・ベルナール峠を、大軍を率いて苦労して越えた後、彼は同じアルプス越えのシンプロン峠の道路建設の命令を下した。部下の技師ニコラ・セアールが指揮をとり、一〇〇名以上の人命を奪ったゴンドー・トンネルを含む難工事を克服して、一八〇五年九月二十五日にこの道路は開通した。工事の途中には、しばしばローマ帝国が造った石畳の道が発見された。「ヨーロッパの道路建設がシンプロン越えによってはじめてローマ人を凌《しの》いだ」と、『道の文化史』は書いている。

ナポレオンはその後、モン・スニ峠の道路建設も手掛け、さらにその範囲は全ヨーロッパに及んだ。彼が一八〇四年から一八一二年の間に造らせた道路のための支出は、同時期に要《よう》塞《さい》構築に要した費用のほぼ二倍であったという。ナポレオンはアルプス越えに際して、古代ローマに対抗してアルプスを越えたカルタゴの名将ハンニバルについての本を読んだ。ローマ軍が悩まされたハンニバルが、象の一群も率いてアルプス越えをした奇想に、いたく心を打たれていたのかもしれない。

第二章　律令国家を支えた七道駅路

一　黎明期の道

魏使の見た日本の道路

土地は山険しく深林多く、道路は禽鹿《きんろく》の径《みち》の如《ごと》し

これは魏からの使いが日本にやってきて、最初に抱いた印象の記録である。これはまた、日本における道路についての最初の文書記録でもある。通称『魏志倭人伝』、正式には中国の正史の一つである『三国志』の魏書東夷伝《とういでん》に記されている。当時の中国は三国時代で、

魏・呉・蜀の三国が鼎立していたが、次第に魏の勢力が強くなり、魏は朝鮮半島や日本などとの関係を持っていた。日本へ使者が来たのは三世紀前半のことであり、この東夷伝も三世紀末に書かれた。冒頭の一文は日本の領域である対馬《つしま》国（現長崎県対馬市）に魏使がはじめて上陸したときの印象である。

この短い文章には注目すべきことが三つある。その第一はこれが日本の道路についてのはじめての同時代記録であるということである。この文書記録によって、日本に暮らす人びとの生活や環境がはじめて文字で記録された。第二は、「道路」の文字が記されたことで、今日でも日常的に使われるこの言葉の長い歴史が、はしなくもここに見られる。古代中国で「道路」という単語がもっとも古く見られるのは『周礼《しゅらい》』である。『周礼』は紀元前一〇〇〇年ころからの周王朝の経典で、法令集ともいえるものである。時代は少し下り、春秋時代の思想家、孔子《こうし》の言行録『論語』のなかにも「道路」はしばしば登場する。ところが日本の歴史、とりわけ近世において、道路は「みち」、街道などと多く呼ばれていたので、道路という言葉は明治の文明開化期において新しく多くの造語が誕生したときの、その一つだと誤解されている節《ふし》がある。しかし、漢語の世界ではきちんと使い続けられてきた。

芭蕉《ばしょう》の『おくのほそ道』に次の一節がある。

はるかなる行末《ゆくすえ》をかかへて、かかる病《やまい》おぼつかなしといへど、羇旅《きりょ》辺土の行脚《あんぎゃ》、捨身《しゃしん》無常の観念、道路に死なん。これ天の命《めい》なりと気力いささかとり直し、道縦横《みちじゅうおう》に踏んで、伊達《だて》の大木戸を越す。（飯塚［坂］の里）

芭蕉が福島の飯坂《いいざか》まで来て、持病が起こって苦しんだときの記述である。この「道路に死なん」とは、『論語』の一節に「予《わ》れ縦《たと》い大葬を得ずとも、予れ道路に死なんや」（子罕《しかん》第九）とあるのを踏まえている。芭蕉は四書五経をよく読んでいた。

『魏志倭人伝』中の道路の第三の意義は、対馬の道路が魏の使者の目には、「禽鹿の径の如し」と、まるで手つかずの自然に近いけもの道のように見えた事実である。これは対馬が日本の辺境にあったからというわけではない。九州に上陸した後でも、魏使の目に映った日本の道路は、対馬とそれほど変わるものではなかったろう。

応神天皇、廐坂道を造る

日本の道路史のなかでもっとも特徴的で、かつ世界に誇るに足ることは、古代の律令制が確立した奈良時代を中心に、全国に七道《しちどう》駅路という道路運用の制度を備えた道路網を持ったことである。そのことは後に述べることとして、まずその前史ともいうべき時代の道についてそのいくつかを見てみよう。

正史のなかで、最初に造道の記録のあるのは応神《おうじん》天皇三年の秋十月三日のことである。応神天皇の在世期は古墳時代で、おおむね三世紀後半とされる。

東《あずま》の蝦夷《えみし》、悉《ふつく》に朝貢《みつきたてまつ》る。即《すなわ》ち蝦夷を役《つか》ひて、廐坂道《うまやさかのみち》を作らしむ

（『日本書紀《にほんしょき》』応神天皇紀）

東方の部族がすべて帰順して、貢ぎ物を持ってきたので、捕虜であるその者たちを使って道を造ったという記事である。廐坂とは、今の奈良県橿原《かしはら》市大軽町《おおがるちょう》あたりのことらしい。その名は百済《くだら》の王からもらった二疋《ひき》の馬を飼っていたことから、付けられたものである。

私も現地の研究者に案内されてその場所へ行ったことがある。古墳時代の道路構造は、近年の各地での発掘でだいぶ明らかになってきている。その一例として、奈良県御所《ごせ》市の鴨神《かもがみ》遺跡では、路面と見られる波板状《なみいたじょう》凹凸面があった。廐坂道も馬の通行に堪える、似たよう

なものであったであろう。

日本最初の造橋記録

十四年の冬十一月に、猪甘津《いかいのつ》に橋為《わた》す。即ち其《そ》の処《ところ》を号《なづけ》て、小橋《おばし》と曰《い》ふ

（『日本書紀』仁徳《にんとく》天皇紀）

これが日本における造橋についての記述の初見である。仁徳天皇は応神天皇の次の代の天皇である。架橋地点は今の大阪市生野《いくの》区桃谷《ももだに》のあたりで、JR大阪環状線と近鉄大阪線の交差する鶴橋《つるはし》駅の東南にあたる。昭和時代までは、猪飼野《いかいの》の地名が残されていた。古代には大阪平野はまだ海が多く、上町《うえまち》台地が半島のように北に突き出ていた。この橋は台地に沿って東側を流れる百済川《くだらがわ》（旧平野川《ひらのがわ》）に架けられていたものといわれる。

小橋はその後、鶴がよく飛んできたので鶴橋と呼ばれるようになったという。そのいわれを記した「つるのはし跡」の記念碑が桃谷三丁目に建てられている。

この橋がはじめて架けられてから数百年経った平安時代の前期、歌人小野小町《おののこまち》がこの橋を詠んだという歌がある。

しのぶれど人はそれぞと御津《みつ》の浦に渡り初《そ》めにしゐかひ津の橋
（忍んではいても、人がそれだと見ているなかを、はじめて猪甘津の橋を渡った）

この歌は、『摂津名所図会《せっつめいしょずえ》』という江戸時代の寛政《かんせい》年間（一七八九―一八〇一）に出版された書物に、小野小町の歌として載っているが、『小町歌集』には見当たらない幻の歌である。

最初の計画的直線道「京中大道」はいつのこと?

日本の道が多少計画的に造られるようになったのは、近畿地方に政権が確立し、政治が整い出した後のことである。『日本書紀』の仁徳天皇十四年のこととして、

是歳《このとし》、大道《おおち》を京《みさと》の中に作る。南の門より直《ただ》に指《さ》して、丹比邑《たじひのむら》に至る。

とある。これは日本道路史上、最初に現れた直線道路の記述である。丹比の名は、今は直接残っていないが、古くは丹比郡として、大阪府松原《まつばら》市から堺《さかい》市東部までを含む地域を指し

ていた。

この大阪平野を南北に縦貫する京中大道がその時期に実在したかどうかに最初に疑問を提出したのは、大和《やまと》・河内《かわち》の古道や都城について先駆的な研究をした岸俊男《きしとしお》である。岸は、この道が仁徳天皇時代に存在したかどうかは不明だが、遅くとも難波《なにわ》と大和が道で結ばれる推《すい》古《こ》朝までのいずれかの時期に結ばれたのであろうと推論している。

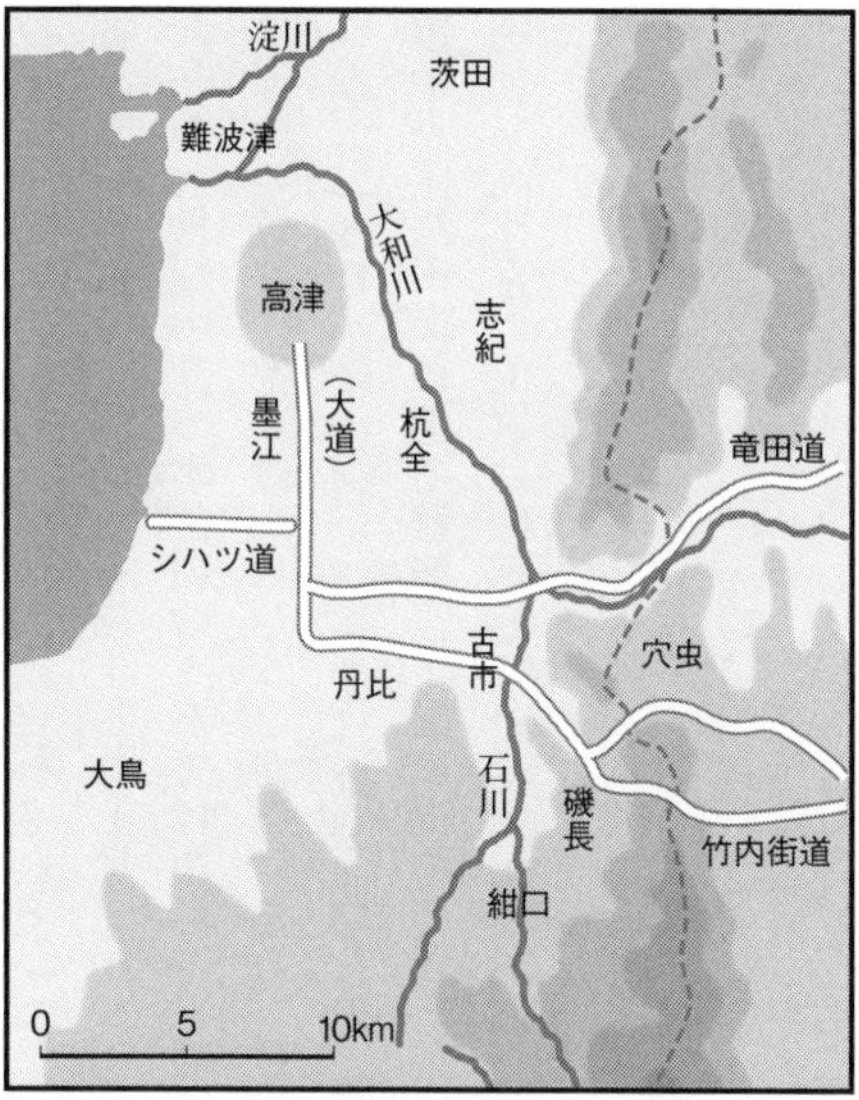

図2―1　京の大道関係図（『道のはなしⅠ』をもとに作成）

しかし近年、この難波の南北の直線道に関して、大きな考古学的発見が報告されている。昭和五十五年（一九八〇）に堺市常磐町《ときわちょう》（現同市北区常磐町）の大和川《やまとがわ》・今《いま》池《いけ》遺跡で、両側の溝の中心間の幅が一八メートルに及ぶ南北の大道の遺構が発掘され、これが難波宮《なにわのみや》からまっすぐに下がったところに位置するところから、難波大道《なにわだいどう》と称されるようになった。この道の設置時期については、発掘調査報告書は、側溝から出土した七世紀中ごろの須恵器《すえき》一基との関連から、前期難波宮すなわち七世紀中期の孝徳《こうとく》朝のころではないかとの考えを示している。

河内の難波に都が置かれたことが三度ある。最初は仁徳天皇の時代で、その名を高津宮《たかつのみや》という。二度目が孝徳朝で、三度目は聖武《しょうむ》天皇の時代である。戦後に発掘され、現在の大阪市中央区法円坂《ほうえんざか》にある難波宮が国の史跡となっている。これは孝徳朝と聖武朝の宮跡で、仁徳朝の高津宮の位置は確定していないが、おおむね現在の難波史跡のあたりではないかとされている。

この前期難波宮の時代には、『日本書紀』孝徳朝白雉《はくち》四年（六五三）六月、百済・新羅《しらぎ》の使いが来朝した記事に続いて、

処処《ところどころ》の大道《おおち》を修治《つく》る。

とある。

このようなことから、推古天皇あるいは孝徳天皇の時代の道路修築の話が仁徳天皇の京中

大道の話に仮託されたのではないか、との推論が導かれている。

しかしひるがえって考えてみると、たとえ仮託であったとしても、それは『古事記』や『日本書紀』に、民の窮乏を憂いて三年間税を免除したとか、水害防御の堤防を築いたとか、多くの土木事業を行ったとされる仁徳天皇だからこそ生起し得たのではないか。大道路の建設こそ、偉大なる天皇の事業としてふさわしいとの認識が、古代の人びとにあったから生まれたものではないだろうか。

なお、この京中大道に仮託される道筋は、南北の正方位に置かれており、同様な正方位の道としては、大和の上《かみ》ツ道《みち》・中《なか》ツ道・下《しも》ツ道が南北道、また横大路《よこおおじ》が東西道として造られた。それらの構築年代は、推古朝を中心におおむね六世紀末から七世紀末とされている。

外《と》つ国《くに》の客のために道を開く

もう一つ、古代の道路の特徴がある。それは外国との関係だ。先に述べた孝徳朝の「処々の大道を修治る」の記事は、外国から使いが来た機会に道路建設が実施されたことを示している。さらに、仁徳朝から二〇〇年ほど後の『日本書紀』推古天皇二十一年（六一三）十一月条に、

難波《なにわ》から京《みやこ》に至るまで大道を置く。

との記述がある。これは隋からの使者が来朝したことと大いに関係がある。日本と中国との外交関係は、卑弥呼《ひみこ》時代の『魏志倭人伝』を含めて、つながったり切れたりしていた。六世紀の終わり、中国では隋が覇権を握り、全国を統一した。大和朝廷は南北朝以来途絶えていた中国との交流を再開する。推古天皇十五年（六〇七）、小野妹子《おののいもこ》が隋に使いし、それに対して隋帝の煬帝は、翌推古十六年（六〇八）、日本への使者として裴世清《はいせいせい》を送り、使節一行は帰国する小野妹子らとともに来朝した。

難波では高麗館《こまのむろつみ》のそばに新しい館を造り、飾り船三〇艘《そう》をもって迎えた、と『日本書紀』にある。同年六月のことである。八月に隋使は当時の都飛鳥小墾田宮《あすかおはりだのみや》を訪れた。このとき朝廷は飾り馬七五匹を海石榴市《つばいち》に派遣して、これを迎えた。『隋書《ずいしょ》』も、「今、ことさらに道を清めて館を飾り、もって大使を待つ」と伝えている。海石榴市は現奈良県桜井《さくらい》市金屋《かなや》で、ときの王宮である小墾田宮（現高市《たかいち》郡明日香《あすか》村豊浦《とようら》あたり）からすれば北東方にあたる。道路によって難波から直接来着したのであれば、西方から来るであろうから、このときの経路は難波から大和川（上流は初瀬川《はせがわ》）を船によって遡上《そじょう》してきたのであろうとの岸俊男の指摘以来、一般にそう考えられている。

裴世清一行を迎えたとき、まだ大和の道は貧弱だったのであろう。だから、それを気に病んだ朝廷が、道路の整備に本腰を入れたのではないか。推古二十一年（六一三）の「難波から京に至るまで大道を置く」の事業もこのときから五年後のことになる。実はこれには前例がある。仁徳天皇から数えて六代目、五世紀後期の雄略《ゆうりゃく》天皇十四年正月、『日本書紀』は記す。

呉《くれ》の客《まろうと》の道を為《つく》りて、磯歯津路《しはつのみち》に通ず。呉坂《くれさか》と名《なづ》く。

シハツ道とは、先の京中大道に直交する道で（図2―1参照）、当時の大阪南港ともいうべき住吉津《すみよしのつ》から発していた。この道の後身と見られるのが、明治期に境道あるいは八尾《やお》街道と呼ばれた道であり、現在では長居《ながい》公園の南縁に接する長居公園通り（国道四七九号）である。

このように、『日本書紀』に記録されるほどの道路事業は、何らかの形で外国使臣とのかかわりが生じているのである。太平洋戦争後の一大イベントであった東京オリンピックに際して、日本が名神高速道路や首都高速道路、あるいは東海道《とうかいどう》新幹線の建設に懸命になったのも、これら古代の道の歴史と、決して無関係ではないだろう。

並木の始め

道路施設の一つとしての並木の創設は、唐に留学した東大寺の僧、普照《ふしょう》によるものである。天平宝字《てんぴょうほうじ》三年（七五九）六月二十二日、普照の願いを入れて、次のような太政官符《だいじょうかんぷ》が公布された。

まさに畿内七道諸国駅路の両辺にあまねく菓樹《かじゅ》を植うるべきこと

日本の道路植樹の始めである。普照は天平五年（七三三）、遣唐使に随行する留学僧として唐に渡った。二〇年にわたる修行の末、たまたま鑑真《がんじん》和上が日本に渡航しようとするのに付き従った。普照の在唐中、唐の玄宗《げんそう》の開元《かいげん》二十八年（七四〇）正月、長安・洛陽を結ぶ道路（両京道路）と両京それぞれの城中の苑《えん》内に果樹を植えるように詔勅が出されている。普照も唐の都の内外の街路樹を見聞したのであろう。

普照の奏状には、「道路は百姓《ひゃくせい》（人民）が絶えず行き来しているから、樹があればその傍らで休息することができ、夏は暑さを避け、餓《う》えれば果樹の実を採って食べることができる」とある。時代は下って、平安時代の法令集である『延喜式《えんぎしき》』の雑式に、

凡《およ》そ諸国の駅路の辺に菓樹を植えること。往還の人をして休息を得さしめ、若《も》し水の無き処《ところ》には便を量《はか》りて井を掘れ

とあるから、具体的な場所は知られていないが、駅路の路側に果樹が植えられている場所があったのは確かだろう。

『万葉集《まんようしゅう》』には平城京の街角の街路樹が繁茂している様子が詠まれている。

橘《たちばな》の蔭履《かげふ》む路《みち》の八衢《やちまた》に物をぞ想《おも》ふ妹《いも》に逢《あ》はずて
（巻二・相聞・一二五）

二　律令制国家と駅制

駅制はいつ始まったか

道路の役割は交通路を提供することである。交通のなかには、人自身の移動と物の輸送と、それに情報の連絡とがあった。現在は情報連絡における道路の役割はほとんどないが、昔の道路では大きな位置を占めていた。昔は情報も人が自ら移動して伝えるものであり、敏速な交通手段が必要だった。それらの機能を備えた道を駅路といった。

駅路は、馬が疾走するに足る形を備えておかなければならず、必要な馬を備えた駅を必要な間隔に置いた。七道駅路というのは、古代の日本の領域を覆い尽くすそのような道路システムのことである。実は、このようなすぐれた組織を持つ道路網が日本に実在したことは、日本の歴史上ほとんど知られていなかった。

戦後日本の開発ブームのなかで、そのシステムの存在が埋蔵文化財の形で姿を現したのが、昭和の末期から平成の初期にかけてのことである。そして現在では、そのほぼ全体を俯瞰《ふかん》できる程度に、研究が進められてきたといえるだろう。

駅制とは、古代の道路における運用システムである。駅制自体に道路のことが直接書かれているわけではない。駅家《うまや》の配置や駅馬《えきば》の数などが書かれているだけであるが、間接的に道路とその運用の存在を示している。

駅制の淵源《えんげん》は大化《たいか》の改新の詔（六四六年一月）にある。

> 初めて京師《みさと》を修め、畿内国 司《うちつくにのみこともち》・郡 司《こおりのみやつこ》・関塞《せきそこ》・斥候《うかみ》・防人《さきもり》・駅馬《はゆま》・伝 馬《つたわりうま》を置き、及び鈴 契《すずしるし》を造り、山河《やまかわ》を定めよ。

ここに駅馬と伝馬《てんま》が出てくる。駅馬・伝馬については副文があり、それには「駅馬・伝馬を給うことは皆鈴《すず》・伝 符《つたえのしるし》の剋《きざみ》の数に依《よ》れ。諸国及び関には鈴契を給《たま》う」とあって、それぞれの国や関所では与えられた駅鈴《えきれい》や伝符を持たなければ通行できない定めであった。駅馬と伝馬は駅制にかかわるもので、詳しくは後述することとして、ここではその基本となる駅馬の歴史だけ述べておこう。

駅馬が「ハユマ」「ハイマ」（早馬の意）と読まれるように、急ぎの連絡便のことである。改新詔以前でも、欽明《きんめい》天皇崩御のとき（欽明三十二年〔五七一〕）には遠くにいた皇太子が

「駅馬《はいま》」で呼び寄せられたし、推古天皇十一年（六〇三）二月に筑紫《つくし》にあった将軍来目皇子《くめのみこ》が亡くなったときは、駅使《はいま》によって大和に報告されている。このように、広い地域を支配するようになると、各地域で起こった重要な出来事が遅滞なく中央の権力者に報告され、同時にまた中央の指令が即刻に各地域に知らされることが必要になる。これらの例が山陽道《さんようどう》に多いのは、大陸とりわけ朝鮮半島との交流が盛んであったからである。

大化の改新を契機として律令制国家が誕生したときには、まさにこのような通信連絡システムの全国的展開が必要とされたのである。

駅制の実態が記録に現れた壬申の乱

この早馬を使うには、当然ながらまず使う道と使う馬、それに途中で乗り換える駅（あるいは駅家、いずれもウマヤと読む）とがなくてはならない。駅路と駅家・駅馬が備えてあるシステム、つまりこの三点セットが駅制である。大化の改新の詔が発布されたのは大化二年（六四六）だが、実際にいつから全国的に機能したのかは分かっていない。

事実が記録に最初に現れるのは壬申《じんしん》の乱のときである。天智《てんじ》天皇が天智十年（六七一）十二月に亡くなり、天智の子大友皇子《おおともの》（明治になって弘文《こうぶん》天皇を追諡《ついし》）が政権を掌握する。かねて吉野《よしの》に隠棲《いんせい》していた天智の弟の大海人皇子《おおあまのみこ》は、翌六七二年（後に天武《てんむ》元年となる）六月、政権を奪還すべくわずかな手勢を率いて吉野を抜け出して東国入りを断行した。東国の美濃《みの》と尾張《おわり》は、かねて大海人の勢力の強いところであった。そのとき大海人皇子は倭《やまと》古京（飛鳥《あすか》）の近江《おうみ》朝廷の留守司《るすのつかさ》高坂王《たかさか》に、駅馬利用の通行証である駅鈴の交付を申請するが、拒否される。すでに駅制が機能し、駅鈴なしには幹線道路を速やかに通過することはできなかったのであろう。やむを得ず、大海人皇子一行は強行突破の策に出る。一行数十人は、吉野から東に向かう途中で、深夜に隠駅家《なばりのうまや》（三重県名張《なばり》市）を焼いて気勢を上げた。翌日には伊賀《いが》の駅家（三重県上野《うえの》市）も焼いた。

壬申の乱における駅制にかかわる話はこれだけなので、以後の行動は略すが、大海人側は東国で軍勢を増し、近江の勢多《せた》橋で同年七月二十二日に大激戦があり、敗れた大友皇子は自殺し、以後、大海人皇子は天武天皇となって治世を開始する。

このように、壬申の乱の時期に駅鈴が意味を持ち、駅家が機能していたことが明らかになった。それでもこの話は都の近くの話であって、駅路が全国に敷設され、駅制が機能していたかどうかは分からない。しかし、『上野国交替実録帳《こうずけ》』という史料には、庚午年《こうご》（天智九年〔六七〇〕）に「駅家戸四」とあり、駅の仕事をする家が四戸あったことになる。上野国は

図2―2　古代駅路の発掘状況　埼玉県所沢市東の上遺跡
（写真・所沢市教育委員会）

東山道《とうさんどう》に属するから、この時点ですでにここまで東山道が延びてきたことを意味する。

さらにこれを裏付けるような事実がある。東山道の支線の一つである武蔵路《むさしみち》では数ヵ所で発掘が行われ、その一つに埼玉県所沢《ところざわ》市の東の上《あずまうえ》遺跡がある。ここでは道幅一二メートルの直線道路が認められた。両側に溝を持ち、明確に道路幅を示していた。この一二メートルという道幅と直線性については、また後に取り上げることとして、ここでは駅路の建設年代のことにだけ触れよう。この遺跡の溝から須恵器の蓋《ふた》などが見つかり、七世紀第４四半期のものと認定されている。七世紀第４四半期とは、六七六年から七〇〇年までということになり、先に見た『上野国交替実録帳』の記録より少し遅い。この須恵器を七世紀第３四半期のものとする見解もあるようだが、いずれにせよ七世紀の天智朝において駅制の基礎である駅路が機能しはじめたことは確実であろう。そして、最初の全国的展開は天武天皇の時代であった、というのが古代交通史研究者の一般的な見方である。

駅制の基本構造と伝馬の制度

律令国家の全国支配には、迅速な交通・通信の制度が不可欠であった。駅制あるいは駅伝制と呼ばれるのは、古代律令国家における交通・通信制度である。道路の一定距離ごとに駅家を設置して駅馬を常備し、通信連絡の駅使や一部の重要な官吏の旅行などに便宜を図るものである。中央の命令は各国の長官である国司《こくし》を通じて人民に伝えられ、地方の状況は国司から朝廷に絶えず報告された。

駅路を利用するためには駅鈴が必要であった。それを持つものは駅使と呼ばれた。駅使が駅鈴を持って駅路を走るのである。駅家を置く間隔は原則として三〇里(約一六キロ)とされ、各駅家に常備する駅馬の数は、その駅路の重要性や地形の状況などによって増減した。前にもいったように、この駅路・駅家・駅馬の三点セットが駅制であり、これを利用するのが駅使である。緊急の場合の駅使は飛駅《ひえき》と呼ばれ、一日一〇駅以上つまり一六〇キロを疾駆した。

このほかに大化の改新詔にも見たように、伝馬《てんま》(あるいは「でんば」)というものがある。中国の唐代の駅伝制では、駅馬と伝馬は同じ道を行き、駅馬は日に六駅(一八〇里=約八二キロ)、伝馬は日に四駅(一二〇里=約五四キロ)行くことが標準であった。急な場合には駅馬は一昼夜に五〇〇里(約二二五キロ)以上を進んだ。

これに対して日本の古代では、伝馬は主として各国の郡家《ぐうけ》(郡役所)に置かれていた。駅路によっては駅家に併設して置かれている場合もあった。しかし、伝馬が使う道については、史料は何も伝えていないので、学術用語としてこれを伝路というようになった。つまり、伝馬とそれが用いる伝路という道路のセットによる伝制（あるいは伝馬制）があったと考えられる。ただし、伝制全体が断片的にしか判明していないので、伝路については駅路に比べれば未解明な部分が多い。伝馬は郡家間の連絡が主であったことから、その道は駅路のように計画的に造られたものは少なく、地域間の自然発生的な道路を主体としたものと考えるのが通説である。駅制が衰退したとき、まず消えたのは駅路であり、残存したのは伝路的な道であったろうといわれている。

三　駅路のシステムと道路構造

駅路のシステムはネットワーク

まず図2—3を見ていただこう。これは私自身が作成した平安時代の全国駅路図である。駅路自体は奈良時代から始まっているのだが、そのデータが詳しく記載されているのが『延喜式』という平安時代の法令集で、そこに各国の駅名と駅馬数が記載されている。それをもとに、先学の諸研究を参照しつつ、さらに古代交通研究の第一人者である木下良《きのしたりょう》の直接の

陸奥
出羽路
陸奥路
出羽
佐渡
北陸道
越後
東山道本路
東山道
能登
北陸道
能登路
北陸道連絡路
東山道連絡路
越中
上野
下野
東山道
加賀
飛驒
信濃
常陸
越前
武蔵
若狭路
飛驒路
下総
美濃
甲斐
甲斐路
相模
近江
房総路
上総
尾張
駿河
参河
遠江
伊豆
山城
伊賀路
伊賀
安房
志摩路
東海道
伊勢
志摩
大和
東海道
各道本路
支路または連絡路
海路
国府
城柵
駅家

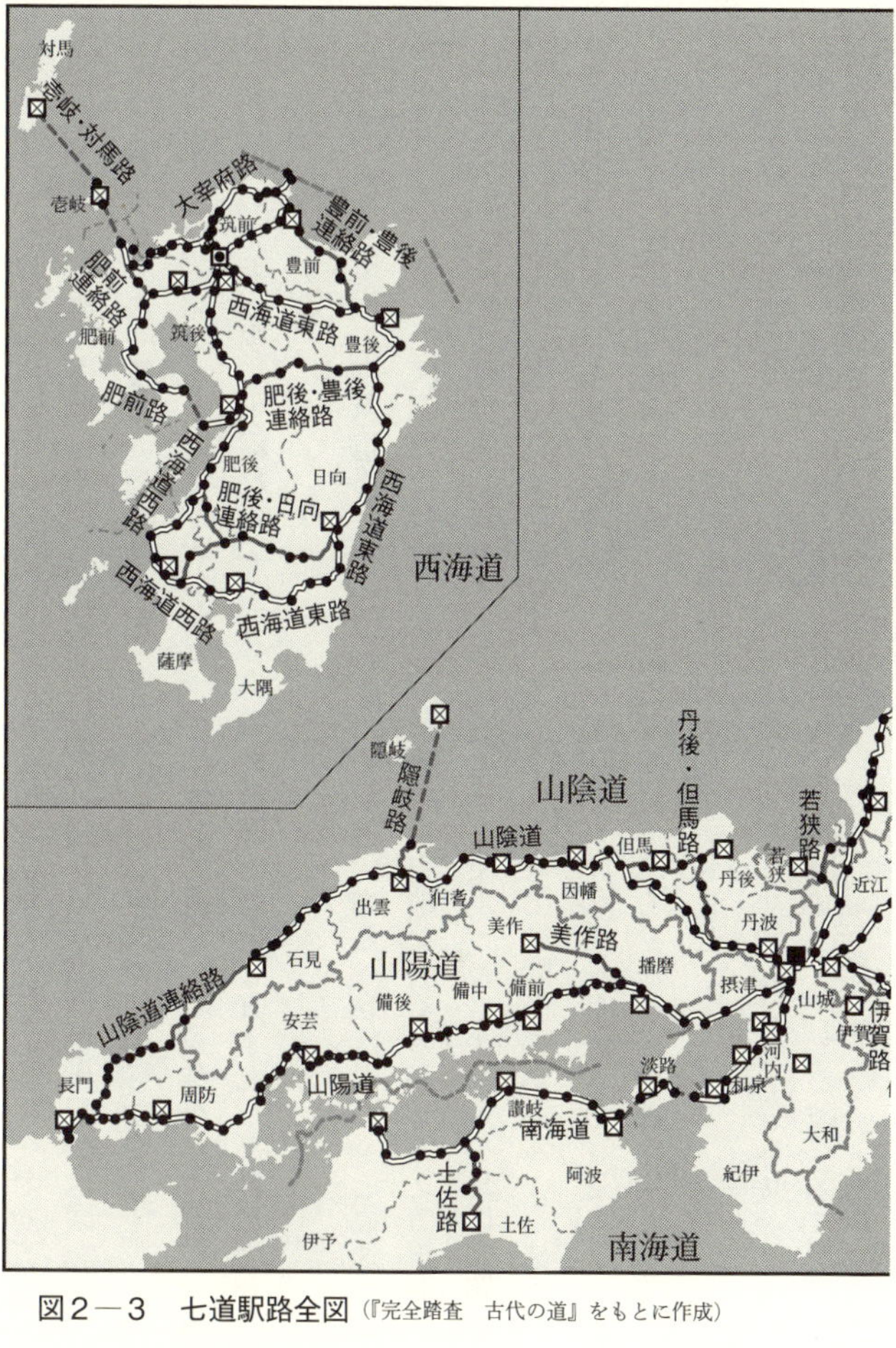

図２－３　七道駅路全図（『完全踏査　古代の道』をもとに作成）

指導を得て、全国すべての駅路ルートと駅家の位置を実地に踏査した。それを五万分の一地形図に書き込み、駅の位置を想定し、駅間距離を計測して全国の古代駅路地図を作ったのである。それをもとに一枚図としたのが図2－3である（原図の初出は『完全踏査　古代の道』吉川弘文館、二〇〇四年。本図では駅名など一部の記載を省略）。いったん五万分の一地形図に落としたものをもう少し小縮尺の二〇万分の一地形図に落とし直すと、不自然なものが見えてくるので修正する。

この手法は、現代の高速道路計画に使われるやり方である。私はもともと高速道路の技術者であり、主にどこの区間にどのような形で道路の中心線を引くのかを考える線形技術を専門としていた。その手法は古代路を考える場合も同じであった。大縮尺の地図に路線を引いても、それだけでは「木を見て森を見ず」で、全体としては問題のあるルートになってしまう場合もある。もっと小縮尺の地図で、広い範囲にわたって全体を見通すと、より適切なルート選定に到達できる場合がある。古代路でも同じである。なお、本線は別として、それぞれの支線の名称は、先学の諸意見も参照しつつ私が命名した。

古代駅路は七道駅路ともいい、都（はじめは奈良の平城京、後に京都の平安京）を中心に、東海・東山・北陸《ほくりく》・山陰《さんいん》・山陽・南海《なんかい》・西海《さいかい》の七道の地域のすべての国ぐにに延びていた。

当時の日本の各地域は、五畿《ごき》七道と呼ばれるように、首都圏ともいうべき畿内と東海・東山・北陸・山陰・山陽・南海・西海の七道に分かれていた。これを行政区域とする考え方もあるが、地域ごとに独立した行政府があるわけではなく、単なる国の地域的集合にすぎないから、地域区分と考えるほうが妥当だろう。ただし西海道には大宰府《だざいふ》があり、一定の行政権があったから、ここだけは別である。図に見るように、都の位置は京都の平安京である。各道には、都からそれぞれ駅路が一本ずつ樹状につながった。西海道だけは別で、大宰府を中心に単独のネットワークを形成していた。大宰府から都へは、九州地内の大宰府路という西海道の一部路線と山陽道を通じてつながっていた。

西海道を除いて、都から出る六本の駅路は原則として所属の国ぐにを順次につなげてゆくのだが、途中で支路（支線）を出してつなげる場合もあった。駅路のルートや支路の出し方などは、時代によっていくつかの変遷があった。四国の各国のつなぎ方は何度も変わったし、先述の東山道武蔵路のように、武蔵国の所属が東山道から東海道に変わったために道が付け替えられて廃止される場合もあった（従って、図2―3には東山道武蔵路はない）。

本路・支路など七道に属する各路のほかに、各道相互に連絡する道もあった。仮にある地点が何かの事故で不通になっても、別の道で都に行けるようにするためであった。その一つに東海道の終点の常陸《ひたち》国府から先に延びて東山道につながる東山道連絡路がある。これを造るとき、史書（『日本後紀』）には「機急を告げんが為《ため》なり」と、その理由を示している。これは緊急時の対策としてダブルウェイのネットワークを意識して造っていることを明確に物語っている。

西海道は特にネットワーク性が強く、一ヵ所が不通になっても他の経路を使って迂回《うかい》することが可能なように組まれていた。当時の国家が外敵の侵入に備えて、不時の場合でも対処できるように計画したものと推察される。

七道駅路の総駅数は四〇二、総延長は六三〇〇キロ

さて、古代路のルート復元にはいくつかのデータがある。まず先述の『延喜式』という平安時代の法令集があり、その「諸国駅伝馬」という条項に、当時の全国六六国二島（壱岐《いき》・対馬）における国別の駅名と各駅に配備されている駅馬数と伝馬数が載せられている。『延喜式』では、伝馬については駅に併置される場合と郡家に置かれる場合とがある。律令制度のお手本は中国唐代のもので、その駅家数は一六三九と史書（『唐六典《とうりくてん》』）にあるが、その駅名の一覧表まではない。したがって、古代道路の正確な復元には、日本のほうが手がかりは

多い。というより、ローマの道でもこのような駅名とその施設内容の一覧表はない。その点からも、日本の『延喜式』における駅伝馬一覧は、世界に冠たる貴重なデータである。

この『延喜式』が基本データで、駅名の総数は四〇二になる。これによると、まず国の記載順は各道別に都に近い順で、駅名の記載順もまたおおむね都からの順序に従っている。駅名には現在残っている地名や歴史上に地名として残っている場合（これを遺称地《いしょうち》という）がかなりあり、また駅馬数が少ないのは本路から分岐する支路の場合が多く、それらを総合的に考慮すると、古代駅路の整然たるルートマップが出来上がるのである。もちろん、駅の位置やルートにはまだまだ未解明の点は数多く残されている。しかしここまで解明されたのは、歴史学（文献史学）・歴史地理学・考古学などの各方面の総合的な研究の成果であり、その成果の上にこの地図はあるといってよいだろう。

こうしてすべての路線を五万分の一地形図上で計測した結果、総延長が約六三〇〇キロと計算された。それまで誰もそんな計測をしたことはなかった。ただ一つ、駅の概数四〇〇に駅間距離の基準である一六キロを乗じて、総計六四〇〇キロという数字を出していた歴史学者の青木和夫《あおきかずお》がいた。私の地図上の計測値のほうがやや短いのは、山陽道だけは平均駅間距離が一般の一六キロではなく、その三分の二程度であるからで、それを考えれば青木の算定は実に的確な数字だったといえるだろう。

古代道路は幅一二メートルの直線路

それでは古代道路の構造を見てみよう。近年の各地の発掘状況を見ると、たとえば先の東山道武蔵路の別の遺跡では、一二メートルの道幅が平安時代に入って九メートルに、さらに六メートルにまで縮小されたことが分かっている(図2―4)。その他の例からも奈良時代には、駅路は人民に国家の偉大さを見せつける装置の役割をも果たしていたと見られ、平安時代に入ってようやく実質に見合った形になったといえよう。

こうした古代道路の実態が各地の考古学的成果として次々と明らかになったのは、昭和の後期から平成になってのことである。古代駅路の文献学的な研究は明治時代に始まったのだが、長らく道路の実態は細々としたけもの道に毛の生えたような程度にしか認識されていなかった。しかし昭和の後期になって開発に伴う考古学的発掘の成果として、先に見た東山道武蔵路の東の上遺跡をはじめとして、東山道本路や東海道などで次々と幅広い直線路の様相が明らかになった。発明や発見の通例として、一度何かのヒントが得られると、急速に全体が進歩する。それまでは、一本の溝が発掘されてもそれだけで終わってしまっていた。しか

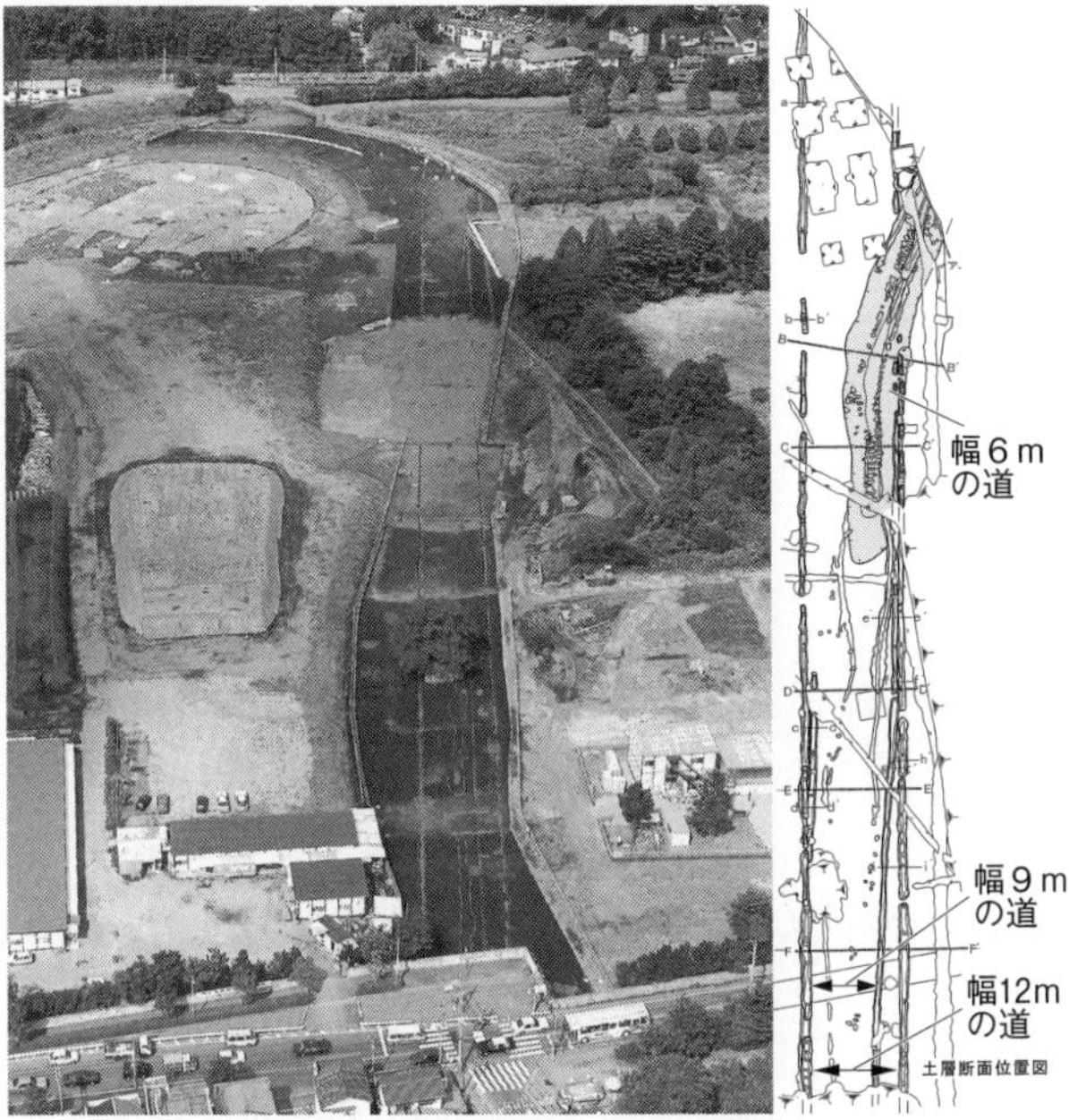

図２―４　東京都国分寺市で発掘された東山道武蔵路　当初12メートルあった道幅が次第に縮小されている（写真・武蔵国分寺跡資料館。平面図は『武蔵国分寺跡北方地区　日影山遺跡・東山道武蔵路―第１分冊―（本文・実測図編）』「第308図　古代　道路状遺構実測図（３）―（ＳＦ―１）」を加筆のうえ掲載）

し、そうした溝が発見されたときは、その横を一〇メートル以上も広げて調査すれば、反対側にもう一本の溝が見つかるかもしれないという原則に従えば、次々と成果が現れてくるのである。こうして全国各地で古代の広幅員で直線的な古代道路遺構が発掘され、それまでの歴史地理学的研究の蓄積もあって、古代道路の壮大な姿が学界のみならず、社会一般にも認識されるようになった。

四　古代路建設のさまざまな姿

笠朝臣麻呂、木曽路完成の論功行賞を受ける

東山道は七本ある駅路の一つである。この建設にあたって、誰が企画し、誰が命令を下したのか、そして誰が実行したのかは、ほとんど明らかになっていない。ただ、断片的な記録がわずかに残っている。その一つとして、律令制の基本を定めた大宝《たいほう》律令が施行された大宝二年（七〇二）十二月十日、『続日本紀《しょくにほんぎ》』に「始めて美濃の国に岐蘇《きそ》の山道を開く」とある。東山道の一環である。

東山道のこのあたりのルートは、美濃の国に属する坂本《さかもと》駅（現岐阜県中津川《なかつがわ》市）から標高

一五九五メートルの神坂《みさか》峠を越えて伊那谷《いなだに》に至るコースを取る。しかし、その一一年後の和《わ》銅《どう》六年（七一三）七月七日、同じく『続日本紀』に「美濃信濃《しなの》二国の堺、径道険隘《けんあい》にして往還艱難《かんなん》なり。仍《よっ》て吉蘇路《きそじ》を通す」とある。さらにその翌年の閏《うるう》二月、この工事の論功行賞が行われた。工事責任者の美濃守笠朝臣麻呂《かさのあそみまろ》には七〇戸と田六町を与え、門部連御立《かどべのむらじみたち》と山《やま》口忌寸兄人《ぐちいみきえひと》にはそれぞれ位階を進め、工事担当者である匠《たくみ》の伊福部君荒当《いほきべのきみあらまさ》には田二町を賜った。

　この吉蘇路をどう解釈するのか、古くから議論のあるところであるが、東山道の神坂越えのルートはすでに使われており、木曽《きそ》谷を経由する、後の木曽路《きそじ》に近いルートが新たに開かれたとする説が支配的である。ただこれがどのように使われたかは定かでない。冬の多雪時のバイパスとして用いられたとの考え方もある。

　当時の道の様子がよく分かる歌が『万葉集』にある。

信濃路《しなのじ》は今の墾道《はりみち》刈株《かりばね》に足踏ましなむ沓《くつ》はけ吾が背《せ》

（『万葉集』巻十四・東歌《あずまうた》・三三九九）

（信濃道は切り開いたばかりの道です。伐り株を踏んでしまうでしょう。履物をおつけなさ

い、いとしい人よ）

大野東人の新道工事と作路司の任命

吉蘇路の話から数十年後、同じ東山道の北端の陸奥《むつ》から出羽《でわ》の国でも、新たなルート開発の記録が残っている。天平九年（七三七）四月十一日、鎮守府将軍大野東人《おおののあずまひと》は多賀柵《たがのき》（現在の宮城県多賀城《たがじょう》市）に帰還した。自ら軍隊を率いて、奥羽山脈横断の険阻な新道の開通工事にあたり、それを終えて帰ってきたのである。出発したのは二月二十五日のことであった。

新たに建設したのは、多賀柵の西にあたる色麻柵《しかまのき》（現宮城県加美町《かみまち》）から奥羽山脈を西に横断して、出羽国最上《もがみ》郡玉野《たまの》（現山形県尾花沢《おばなざわ》市）に至り、さらに北に向かって比羅保許《ひらほこ》山（現山形県金山町《かねやままち》か）まで、一六〇里（約八四・二キロ）の間である。

「或《ある》は石を剋《き》り樹を伐り、或るは澗《たに》を填《うず》み峯《みね》を疏《けず》る」と『続日本紀』は記している。これは当時の古代中国の文章に似た表現ではあるものの、道路工事の様子を記した唯一の記録である。

いつぞや、古代道路研究の仲間たちがこの道の現地を踏査したことがある。山道歩きの服装準備をしてこなかった研究者は大いに難儀したようだった。

大野東人にかかわる多賀城碑なる石碑が陸奥国の国府であった多賀城市に残されている。一種の道標ともいうべきもので、その記載の一つに「去京一千五百里（京《みやこ》を去ること一五〇〇里）」とある。これを当時の尺度で計算するとちょうど八〇〇キロである。当時の都は奈良の平城京である。私は古代駅路を研究して、すべての駅家の駅間距離を算定したが、ただし、それは都が京都の平安京にあった時代のルートである。都が奈良の平城京にあった場合のルートで計算すると、七九二キロになる。多賀城碑にある当時の距離計測の八〇〇キロとほとんど差はない。この多賀城碑は国指定の重要文化財になっており、建屋で覆われているが垣間《かいま》見ることはできる。

話を当時の道路建設に戻すとして、時には作路司という専門の役職が設けられた。大同《だいどう》三年（八〇八）には三人の高官が作路司に任命され、近江、丹波《たんば》などの五畿諸国の人夫五〇〇〇人を使役して、道路の築造が行われた。作路司に任命された人のなかに、百済王《くだらおう》がいたが、道路を築くのに渡来した百済人が寄与していることが分かる（『日本逸史《にほんいっし》』）。

五　駅制の運用

駅路の使われ方と菅原道真

先にローマの道の目的について、第一に軍隊の輸送、第二に政府役人の公用旅行、第三が生産物の輸送、第四に民間人の旅行、であり、それは古代国家が造った幹線道路網にほぼ共通の特性だと記した。ただ日本古代の駅路を見ると、多少順序や役割が違い、第一が有事の際の迅速な情報連絡、第二が軍隊の移動、第三が公用役人の輸送、第四が都への貢納物の輸送で、民間人の旅行など眼中になかった。公務でない場合でも一定以上の官位を持つ者に対しては駅家に泊まらせはするが、食事を提供してはならぬ（『律令』）など、厳しい制限があった。平安朝末期には僧侶が設置した布施屋《ふせや》と呼ばれる救護施設が各所に見られるようになったのも、自然の習いであろう。

駅路の公式な使い方の一つに各国の国司の任地への赴任と帰任、あるいは朝廷への報告の旅がある。これらは定められた道筋を通らねばならない。定められた道とは、東海道や東山道といった当該国が属する地域区分の各国を貫く駅路のことである。

ところが公式でない旅の場合には、その定められた道筋を行かず、別のルートを通る例もあった。菅原道真《すがわらのみちざね》は仁和《にんな》二年（八八六）に四国の讃岐《さぬき》国司となって赴任した。そのときは当然、南海道のルートを通ったはずである。平安京から紀伊《きい》国を過ぎ、淡路《あわじ》国を経て四国に渡る。そこは阿波《あわ》国でこの間に二度も海を渡らねばならない。余談だが、島の名前にもなっている淡路とは「阿波路《あわじ》」つまり「阿波へ行く道」の意味である。道真の赴任国である讃岐は阿波の西隣である。

さて道真は赴任二年目の仁和三年（八八七）の秋に休暇を得て帰京し、ふたたび任地に赴くときに、近道を通った。南海道のルートを行かず、山陽道の道筋を選んだのである。このほうが海を渡るのが一回で済み、多分日程も短いのであろう。そのとき明石《あかし》の駅長《うまやのおさ》と懇意になり、「駅楼《えきろう》の壁に題す」という詩を賦した。駅長の名を橘季祐《たちばなのすえすけ》という。それから一三年、道真には思いもよらぬ運命が待ち受けていた。右大臣にまで上り詰めたものの、ねたみにあって突如左遷され、九州の大宰府まで罪人同様の扱いを受けて配流《はいる》の憂き目にあった。大宰府には山陽道を行く。その道筋の明石駅で旧知の駅長に会う。にわかに落剝《らくはく》した道真を見て駅長は言葉もない。悲しむ駅長に道真は一詩を与えて慰め返した。

駅長驚くなかれ　時の変改《へんがい》することを　一栄一楽《いちえいいちらく》　是れ春秋

人の世の栄枯盛衰も、春が来れば花が咲き、秋には落葉する自然の姿と同じではないか。道真はこう諦観《ていかん》して、その思いを詩に託した。『大鏡《おおかがみ》』に載せられた逸話であり、後年『源氏物語』には、「駅長に口詩《くし》を与えた人もいた」と記されている。

遣唐使帰る。鈴を鳴らして駅馬が走る

承和六年（八三九）、前年の七月に船出した持節使《じせつし》藤原常嗣《つねつぐ》を長とする事実上最後の遣唐使の一行が無事帰国して、筑紫に着いた。早馬によるその報告が大宰府を発したのが八月十四日、京に着いたのが同月二十日である。その間、七日を要している。その当時の大宰府・京間の里程は七二〇キロあまりであるから、一日の行程はおよそ一〇〇キロあまりになる。

早馬が通る駅路には、ほぼ三〇里に一ヵ所の駅が設けられていた。規定では、急使は一日に一〇駅以上、つまり約一六〇キロを行かねばならなかったが、実際にはもう少し遅かったことになる。もっとも京・大宰府間の駅間距離は、前述のように短かったから、規定は満たしていたのかもしれない。

前述のとおり、報告の使者を駅使という。これは官庁の命令を伝達・報告する使人で、その資格のシンボルとして駅鈴を授けられ、駅馬に乗った。駅使のなかでも緊急任務を帯びた者を、飛駅使または飛駅と呼ぶ。遣唐使帰着の報告はもちろん重要事項だから、使者は飛駅である。馬は途中で変わるが、使者は途中では一般には変わらない。だから飛駅に任じられる者は体力があり乗馬が巧みな若者だった。

鈴が音《ね》のはゆま駅《うまや》の堤井《つつみい》の水を賜へな妹《いも》がただ手よ

（『万葉集』巻十四・三四三九）

（駅鈴を響かせる早馬の、宿場の湧《わ》き井戸の水を早く欲しいものだ。あの女の手ずから）

駅路の途中の駅には、湧水《ゆうすい》を囲って湛《たた》えてある人馬の水飲み場があり、駅の雑務にあたる娘もいた。その情景を詠《うた》った素朴な歌である。

都の妻、早馬で夫を驚かす

七道駅路は、中央政府が国の威信をかけて建設したものであり、駅路を通行できるのは国の仕事をする官吏などで、駅鈴を携行しなければならなかった。しかし時代が移ると稀《まれ》には私事で使う者も現れた。それらの者は駅鈴を持っていなかった。『万葉集』のなかに、それをうかがわせる事例がある。

天平感宝元年《てんぴょうかんぽう》（七四九）、万葉の歌人として知られる大伴家持《おおとものやかもち》は越中《えっちゅう》の国守として任地の国府（今の富山県高岡市《たかおか》）にいた。その年の五月十七日、とつぜん都から鈴をつけない早馬が飛んできた。見ると部下の尾張少咋《おわりのおくい》の妻ではないか。実は少咋は家持と同じ単身赴任の身であったが、地元の遊女左夫流児《さぶるこ》にうつつを抜かしているのを、家持は苦々しく思っており、それをいさめる歌を作ったほどだった。

そこに言わぬことではない。少咋の妻が飛んできたのである。村人はこれを見て大騒ぎとなった。その情景を家持は歌に詠んだ。

左夫流児《さぶるこ》がいつきし殿に鈴かけぬ早馬《はゆま》下れり里もとどろに

（『万葉集』巻十八・四一一〇）

（左夫流児が仕えていた殿に、鈴をつけない早馬がやってきた。里中を騒がせて）

六　高速道路の古代回帰

疑問の発端

「はじめに」でも述べたとおり、私が昭和三十七年（一九六二）、東名高速道路の建設のため、静岡市に赴任していたとき、高速道路の計画路線が駿河国分寺の遺跡にかかっているのではないか、という問題が持ち上がった。

その後も、私自身が関与したものでは、甲斐国の国分寺と上野国の国分寺の二ヵ所で、すぐ近くを高速道路が通ることになった。なぜ町外れを通る高速道路が、古代の道路とぶつかるのか。そんなことから、高速道路は古代に関係深い地点を通ることが決して偶然ではないこと、またそのことは駅路とも関係深いことが分かってきた。

古代道路に似る高速道路

高速道路が古代道路とよく似ていることは、勉強を進めてゆくといくつかの点から明らかになった。

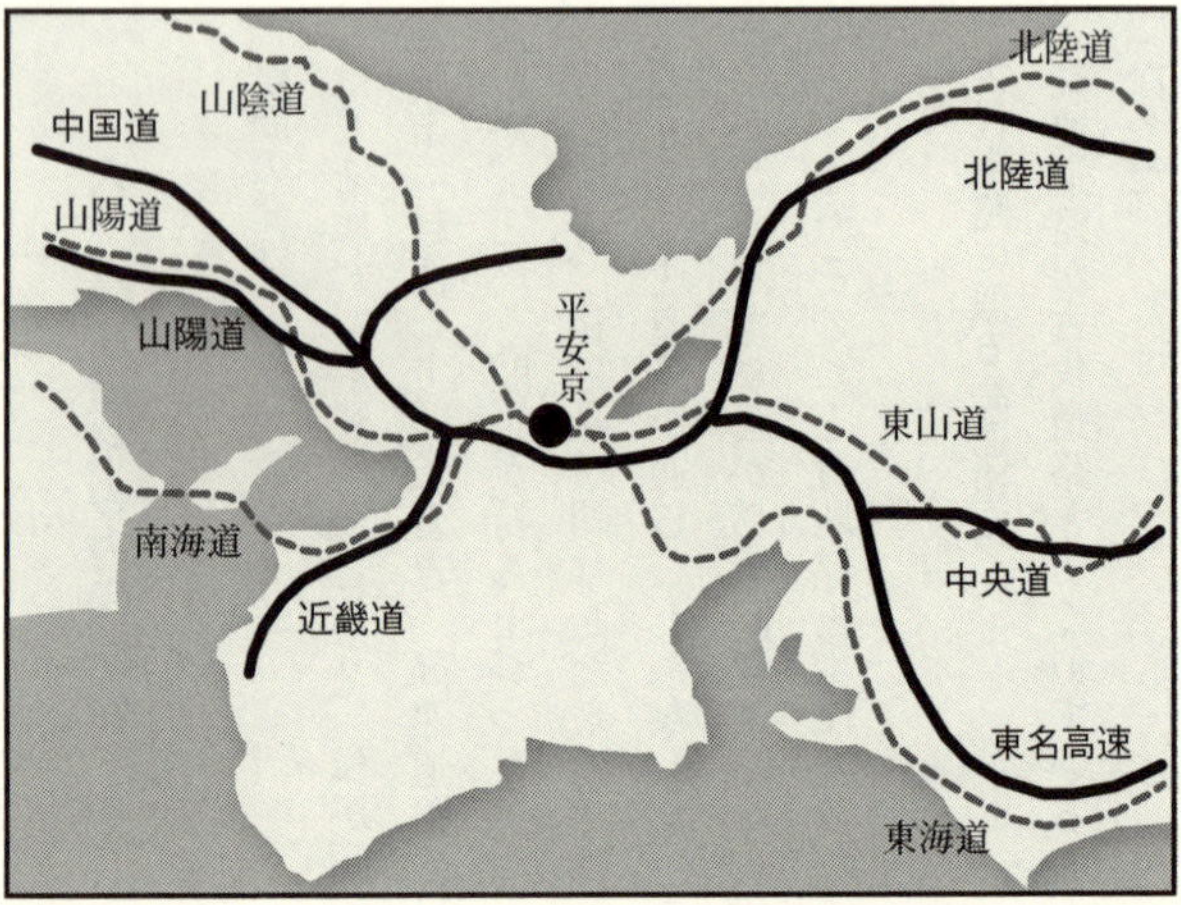

図2—5　近畿地方の古代道路と高速道路の路線構成（『道Ⅰ』をもとに作成）

第一は、全路線延長の一致である。高速道路の計画延長は、現在では高規格幹線道路網といって、一万四〇〇〇キロもあるが、戦後二〇年ほどたったころの国土開発幹線自動車道建設法（一九六六年）による計画では七六〇〇キロであった。そのうちから北海道を除くと、六五〇〇キロになる。これに対して先に述べたように古代道路は六三〇〇キロで、大筋としてはほとんど等しい。一国の交通網の基本というものは文明が進歩しても、あまり変わらないのであろう。

第二は、路線構成である。七道駅路は西海道を除く六本が近畿地方から発していた。これは高速道路では、東海道＝名神・東名高速道路、東山道＝中央自動車道、北陸道＝北陸自動車道、山陰道＝中国自動車道、山陽道＝山陽自動車道、南海道＝近畿自動車道和歌山線にそれぞれ相当する。なお高速道路計画が拡大されてから、山陰自動車道が加わった。歴史的な道なら山陰道が先であるが、高速道路では日本の背骨山脈を縦貫するという思想があったから、中国道が先行し、山陰筋は後回しになったのである。

キーワードは計画性と直達性

第三は路線位置である。日本の全国的な幹線道路には、①古代道路、②江戸期街道、③近現代国道、④高速道路の四段階がある。②と③のルートはほとんど同じなので、実質的には三段階ともいえる。同じような場所を通る路線で、江戸期街道だけが別ルートで、古代路と現代の高速道路が同じ場所を通ることがしばしばある。なぜそうなるのか。それは両者に共通した性格があるからである。そのキーワードは計画性と直達性である。江戸期の街道というものは、地域の道路を結び合わせたものといってよい。細かい集落をつなぎ合わせて結んでゆく。明治期以降の国道も、ほぼこれを踏襲している。これに対して、古代路も高速道路も、遠くの目的地に狙《ねら》いを定めて、計画的に結んでゆく。これを計画性と直達性という。だ

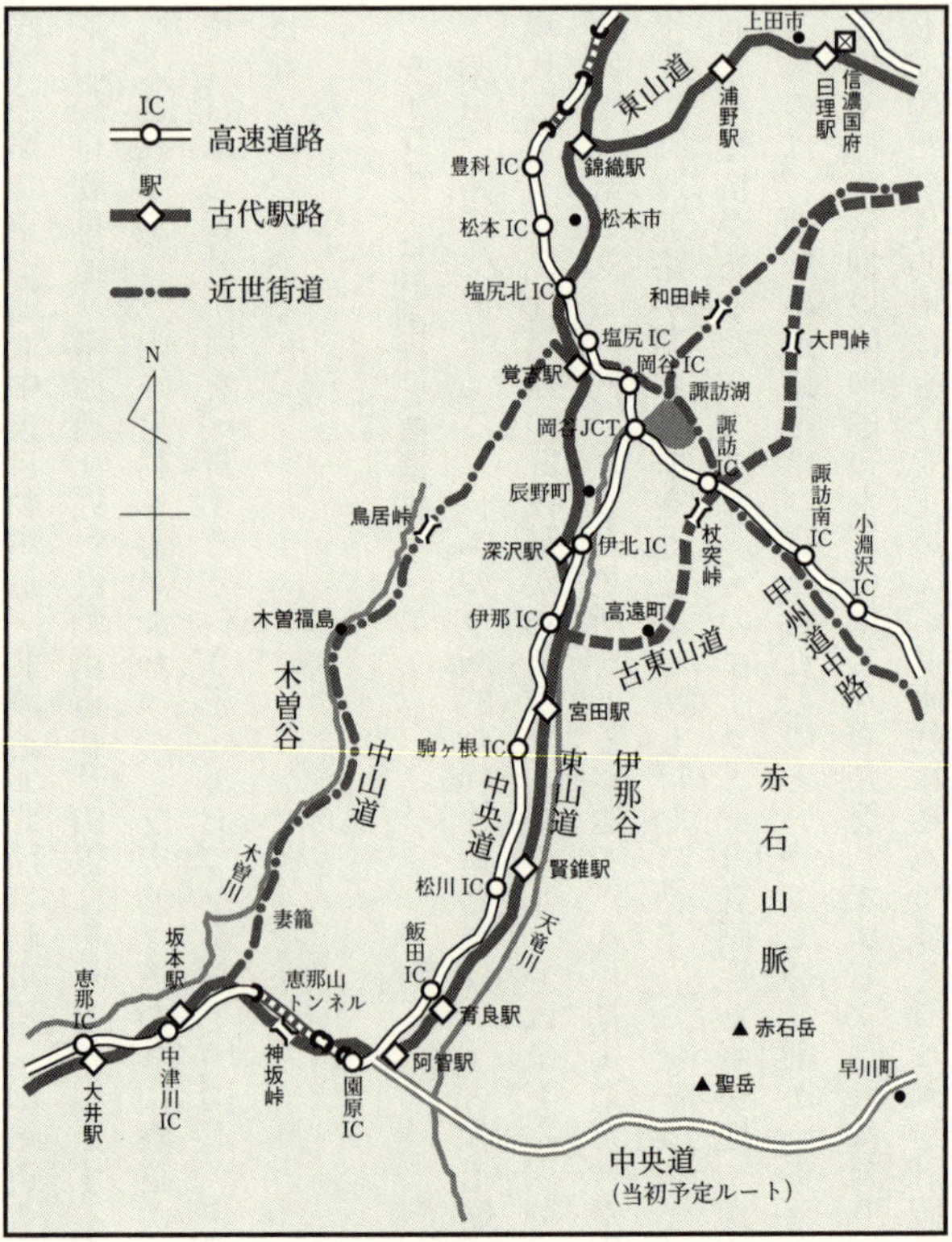

図2—6　東山道と中央自動車道（『道Ⅰ』をもとに作成）

から、各所で高速道路が古代道路と同じ場所を通るのである。

一例を挙げよう。中央自動車道は長野県で伊那谷を通る。江戸期の街道は木曽谷を通っており、国道二〇号も国鉄中央本線もそれを踏襲した。高速道路は飯田《いいだ》から中津川にかけて、延長八キロを超す恵那山《えなさん》トンネルで抜ける（図2―6）。ここは東山道が神坂峠という七道駅路最大の難関を越えてゆく道筋の真下にあたっていた。恵那山トンネルの換気孔が東山道の駅路と同じ場所を通っているなど知る由もなかった。高速道路の技術者は、誰も昔の駅跡をつぶすと地元の史家に抗議されて、高速道路側ははじめてそのことを知らされた。換気口というのは、高速道路の真上で地上に出る。そこに古代東山道があったのだ。これは偶然ではない。古代も現代も、もっとも早く通りたい道筋を選んだのである。それらがぴったり重なった、まさに必然の結果である。なお、江戸期の中山道《なかせんどう》は木曽谷を選んでいる。これは水が得やすく、多少曲折が激しくとも、徒歩の旅行者には大きな峠を越すより容易であったからであろう。いっぽう古代では馬が主体で、また洪水によって途絶の少ない道のほうが選ばれたと考えられる。

相似の例の一つとして、伝路をも含めた変遷の例がある。東海道の日本坂《にほんざか》と宇津谷《うつのや》峠の関係である。場所は静岡市西部の市境で、古代駅路は海岸近くの日本坂を越えており、このル

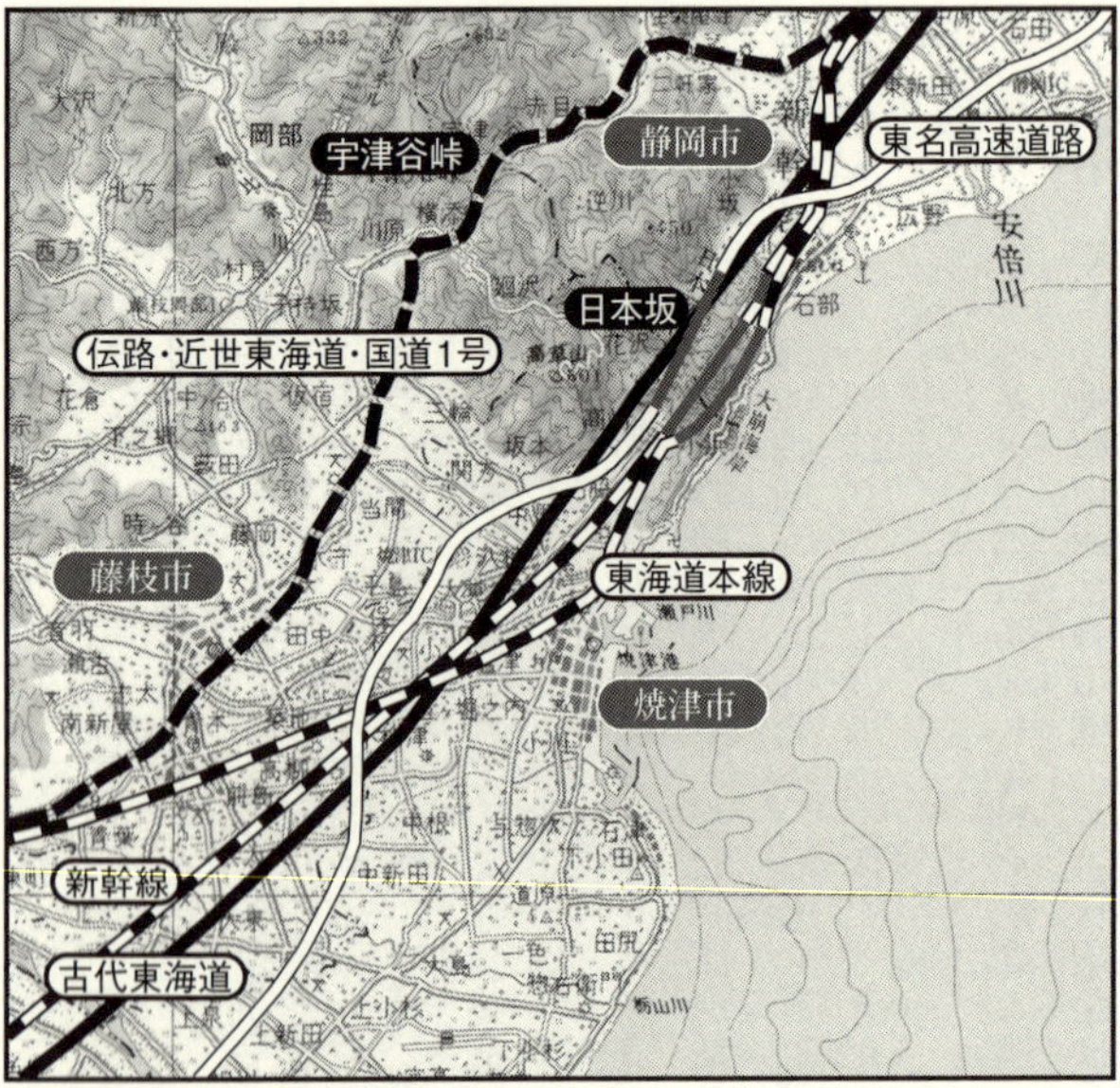

図2—7　日本坂と宇津谷峠

ートは現在、東名高速道路と新幹線が通っている。いっぽう、宇津谷峠の道は中世から近世の東海道、さらには現国道一号まで続いている。それだけでなく、この道筋は古代の伝路として機能していたとされている。日本坂には古代駅路と高速道路、宇津谷峠には伝路と現国道という、これまた高速道路の古代回帰の典型的な例である。

ちなみに古代路が通過する日本坂は「峠」とは呼ばれていない。古代の名がそのまま残っている。古代ではまだ峠という日本固有の文字は使われておらず、坂と呼ばれるのが一般であった。比較的早い時期にルートが転換したことを証明する一事でもあろうか。

第四は古代路の駅家と高速道路のインターチェンジ（IC）との位置が似ていることである。これも同じ中央道の状況を見ていくと、恵那山トンネルの前後ではほとんどが似たような位置にある。図2―6に見るように、古代東山道の大井《おおい》駅から深沢《ふかさわ》駅までの七駅は、中央自動車道の恵那《えな》ICから伊北《いほく》ICまでの八ICと一ヵ所を除いてほぼ同じ地区にある。

地形によって道の通過箇所が限定されて、古代路、近世街道、高速道路の三者がほぼ同じ場所を通る例を見てみよう（表2―1）。東名高速道路の静岡県東部では、駅とICはほぼ同じ場所にあり、徒歩を主体とする江戸期街道の宿場はもっと密になる。もともと、古代駅路の駅家は三〇里（約一六キロ）に一ヵ所置くのが標準だが、水の得やすい場所が見つからない場合には、多少距離を増減してもよい決まりであった。そして決められた駅の場所には、駅を運営するための人員が移住して置かれた。そうした場所が、後の世に結局はその地域の拠点に

表2―1　高速道路IC・古代駅路・近世街道宿場の関係

IC	駅	宿場
東名高速道路	東海道（古代路）	東海道（近世街道）
沼津	長倉	沼津
—	—	原
富士	蒲原	吉原
—	—	蒲原
—	—	由比
—	息津《おきつ》	興津
清水	—	江尻
静岡	横田	府中
—	—	丸子
焼津	小川	岡部

図2―8　花岡木崎遺跡出土の木簡「佐色」「駅」の文字が見える（奈良文化財研究所撮影、熊本県教育委員会資料提供）

なった可能性が高い。インターチェンジと駅の重なりは決して偶然ではない。

　平成十五年（二〇〇三）に調査が始まった南九州西回り自動車道の芦北《あしきた》IC予定地内の花岡《はなおか》木崎《きざき》遺跡で、「佐色《さしき》」と「駅」の文字が判読できる木簡《もっかん》二枚が発掘された。『延喜式』の「諸国駅伝馬」条には、肥後《ひご》国駅馬として「佐職《さしき》」五疋とあり、同じく伝馬として「佐色」五疋と見える。この佐職と佐色は同所と見られるので、古代駅路の駅家と高速道路のインターチェンジが全く同所であることのはじめての実証となった。

　このように古代道路と高速道路の共通性が明らかになったため、古代交通史学界でも、駅路と高速道路、伝路と地域道路（その代表としての一般国道）といった対比で説明がなされるようにもなった。日本の道路の歴史図式を簡単に表すと図2―9のようになる。

古代からあった道路のネットワーク機能

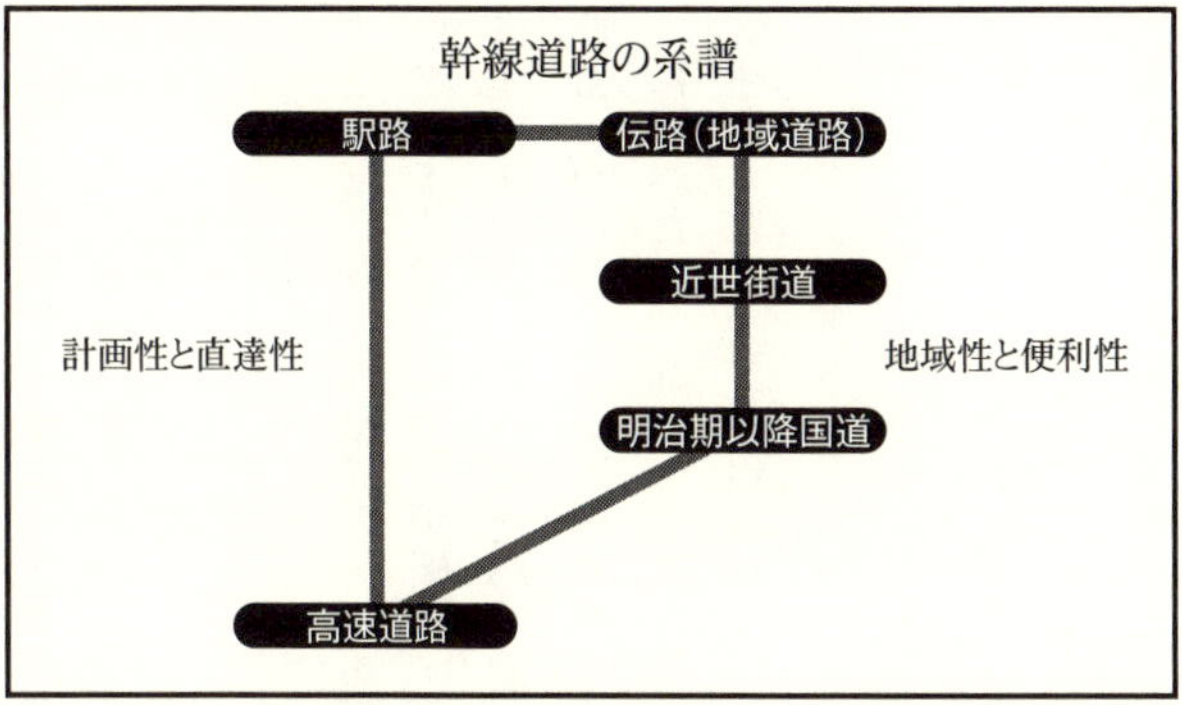

図２―９　高速道路の古代回帰の図式

東日本大震災で明らかになったように、道路は災害時にはすべてに優先して確保されていなければならない。このことはいつの時代でも同じである。それを実現するには、リダンダンシーが必要だとされる。

リダンダンシー（redundancy）とは、余裕とか重複、ＩＴ（情報技術）の世界では冗長性などとも訳されている。一見余分なように見えるが、いざとなったときに役立つ機能という意味で、道路についていえば、ネットワークに重複性を持たせ、一ヵ所が破断しても、どこかに必ず迂回路が用意されていることを示す。東日本大震災では、東西を結ぶ磐越《ばんえつ》自動車道が部分的には二車線ながら全線が完成していて救援と避難にその機能を発揮したが、日本海東北自動車道が完成していたら、宮城・岩手両県への救援はもっと迅速に行われたのではないだろうか。

こうした道路を通じた危機管理への対応は、現代に限ったことではない。まだ自動車などなく、人びとが自分の足か、牛馬を利用して移動していた日本の古代駅路でもきちんと考えられていた。

先に述べたように、奈良時代には九州一帯の西海道はすべてネットワーク化されていて、たとえ一ヵ所が不通になっても迂回路がすべて準備されていた。本州では古代路は基本的にはツリー状で、一ヵ所が破断すると機能不全に陥る危険はあったものの、七道の各駅路相互に連絡路を設けていたため、最小限のリダンダンシーは備わっていた。弘仁《こうにん》二年（八一一）四月、東山道から常陸国の東海道に通じる連絡路が危急を告げるために設けられたことはすでに述べた。これは七道相互間の連絡路を設ける必要性について、古代律令制国家が「危機管理上」とはっきり認識していた事実を示しており、興味深い。この連絡路ができたのは、マグニチュード8・3と見られる陸奥国の貞観《じょうがん》地震（貞観十一年〔八六九〕）の起こる五八年前のことだった。その貞観地震では東日本大震災と同規模と見られる大津波に襲われたが、果たしてリダンダンシーがどこまで機能したかについては、残念ながら記録が残っていない。

現代の高速道路ネットワークで、この道路に相当する常磐自動車道の全線開通は、東日本大震災の発生からほぼ四年近く経った平成二十七年（二〇一五）三月のことであった。

第三章　中世——乱世と軍事の道

一　崩壊する律令体制と道

公から私へ

駅路は直線的に道をつなげていた。山があれば切り開き、谷があれば埋めた。こうして出来上がった道は、絶えず手を入れなければその機能を失ってしまう。駅制の維持には人手も組織も欠かせない。しかし律令制による支配体制も十世紀ころから崩れはじめる。上から管理する官僚組織は、よほどの組織力と統制力がなければ維持は難しい。このような場合には、むしろ地域に根ざした勤勉な農民の自主的な経営のほうがうまく機能してくる。こうして、公から私への移行が徐々に始まり、荘園《しょうえん》制度による私的所有が力を増し、在地勢力がそれぞれの地域を支配するようになる。

そのような時代には、全国的な統制を図るための道具としての駅路が衰退するのは自明である。先の駅路と伝路の区分でいけば、駅路が衰退して伝路的な性格を持つ道が生き残る。公から私への転換は、その後も時代とともに進むことになるが、道路についても例外ではない。従来の日本の歴史では、中世の範囲について始まりを鎌倉幕府の成立とし、終わりを江戸幕府の成立としていた。鎌倉時代は鎌倉街道の名が象徴するように道路史においての重要な画期であるし、江戸期の始まりも五街道の整備など道路での大きな進展があった。院政の終わりから織豊《しょくほう》政権の成立までとする新しい時代区分でも、中世の始まりは全国的な駅路網の衰退と時代を同じくし、中世の終わり、つまり近世の始まりは信長が公道規格を定めて道路整備を支配地域に着々と進めた時期である。道路整備の進展は、常に新しい時代の到来を告げるものであった。時代の画期は、常に道路においても新しい様相を示すものであった。

熊野古道

平成十六年（二〇〇四）、熊野《くまの》古道が世界文化遺産に登録された。道路が世界遺産に登録

図３—１　熊野古道（和歌山県田辺市本宮町）（写真・読売新聞社）

されたのは日本でははじめてであるが、世界でもほかにはスペインの「サンティアゴ・デ・コンポステーラの巡礼路」があるだけであった。その後、平成二十六年（二〇一四）までに、メキシコの「エル・カミーノ・レアル・デ・ティエラ・アデントロ」の旧産業道路、南米の「アンデスの道路網」などが同じく登録されたが、全体として道路の例が少ないのは、道路が始終使われ続けて原形をとどめることが少ないからであろう。現にこの熊野古道の場合も、一番よく使われていた紀伊路が、指定の枠から外れている事実がある。これは紀伊路が現代まで使われ続けたために、昔の面影を残すことが困難であったからであり、それは道路にとって決して不名誉なことではない。使い続けられることこそ、道路の本来のあるべき姿である。建築物ならば、それに合わせた使い方や保存の方法もあるだろうが、道路の場合には、次第に重量化し、高速化する乗り物を支え、その機能に応じた働きをさせるには、構造的にも改良されなければならない。一般道路の場合は古い道を徐々に改良していくので、歴史的遺産としての形態を保つことが困難になってゆく。これが道路の宿命であり、また使命でもある。

熊野古道の道路としての特色は、信仰という一貫した目的のために一〇〇〇年以上も使われ続けてきたことであろう。奈良時代には修行者のもっぱら使うところのものであったが、平安朝中期の延喜七年（九〇七）に宇多《うだ》法皇が参詣《さんけい》したのを契機として、十一世紀から十二世紀にわたっては白河《しらかわ》上皇や鳥羽《とば》上皇など、院政期の上皇方が熊野詣《もうで》を繰り返すようになった。また上皇あるいは法皇に伴われて皇后などの女院方も同行するようになり、あるいは単独で参拝するなどの活況を呈した。さらに同行の貴族たちも、後には単独で熊野参詣をするようになった。

建仁元年《けんにんがんねん》（一二〇一）に後鳥羽《ごとば》上皇の熊野参詣に随行した藤原定家《ふじわらのさだいえ》の日記によると、都から熊野本宮《ほんぐう》を経て那智《なち》に至り、ここから帰京するまで全体で二六日を要している。熊野詣の旅は、河舟を利用できる場合を除いて徒歩を原則としているが、荷物の運送には伝馬が使われた。これらに応じて次第に熊野詣の道が整備されるようになった。

さらに十三世紀に入ると、源頼朝《みなもとのよりとも》の妻北条政子《ほうじょうまさこ》もまた鎌倉から上洛《じょうらく》の機会を利用して二回参詣しており、さらに承久《じょうきゅう》の乱（一二二一年）以降には地方武士の参詣者も出るようになった。

こうして、熊野は中世期には日本最大の霊場となったが、近世になると伊勢《いせ》神宮がそれに代わるようになる。熊野詣は西国三十三所観音巡礼の一つに姿を変えたりしたが、熊野古道が純粋な徒歩参詣道として残ったためか、かえって独自な形で継承され、今日でも賑《にぎ》わいを見せている。宮廷の高位の人びとの信仰から始まった熊野詣は、貴族から武士へと伝わり、さらに時代が下るにつれて次第に民衆レベルの信仰と遊山の行事として広まり、近世から近代を経て現在まで続いている。まさに中世に始まった一つの道の歴史であり、ここにも公から私への伝播の姿が読み取れる。

新しい東海道の秩序と日記文学

源頼朝は建久《けんきゅう》三年(一一九二)に平家を追討して征夷大将軍《せいいたいしょうぐん》となり、鎌倉に幕府を開く。こうして朝廷のある京都と将軍のいる鎌倉の二地点が政治の焦点となったので、東西二極を結ぶ東海道がまさに時代を支える基幹道路となった。そのため、鎌倉幕府はこの道に駅制を敷いた。正しくいえば、平家討伐後の文治《ぶんじ》元年(一一八五)に勅許を得て「駅路の制」を定め、鎌倉から上洛の使者のために伝馬と糧食を路次の荘園が提供することを求めた。しかし荘園側の反対にあって機能せず、実際には東海道沿線を本貫《ほんがん》(出身地)とする御家人《ごけにん》(将軍譜代の武士)が負担をした。一方で、民間の旅宿が姿を整え出したので、これらに一定の逓送用の人馬を常備させて、曲がりなりにも駅制を維持した。京都・鎌倉間の行程は、普通の旅では一二日から一五日ぐらい、駅制の早馬による緊急の通信は三日ないし四日と定められた。

こうして東海道は政治的に重要な役割を担っていたのだが、それにも増して目立つのは、私人の旅とそれに伴う日記文学の隆盛である。鎌倉時代の著名な旅日記文学としては、『海道記《かいどうき》』『東関紀行《とうかんきこう》』『十六夜日記《いざよい》』の三篇があり、いずれも私人の個人的な旅行の日記である。実は、それ以前の著名な東海道旅行記としては、平安時代に菅原孝標女《すがわらのたかすえのむすめ》の『更級日記《さらしな》』があるのだが、これは上総《かずさ》国の国司であった父の赴任・帰任の旅に同行したときの記録であるから、全く私人の旅行である前述の旅日記三篇とは別な枠組みに属すると考えてよいだろう。

さて『海道記』の著者は不明だが、京都白川《しらかわ》あたりに住む五十歳を過ぎた出家者で、京都から鎌倉まで東海道を旅したのが貞応《じょうおう》二年（一二二三）である。『東関紀行』も作者未詳とされ、旅は仁治《にんじ》三年（一二四二）のことである。『十六夜日記』の著者阿仏尼《あぶつに》が亡夫の遺産相続の訴訟のために、やはり京都・鎌倉を往復したのが建治《けんじ》三年（一二七七）のことだから、『更級日記』より二〇〇年から二五〇年ほど後のことになる。なお、東海道をどのくらいの日数をかけて旅したかというと、いずれも京都・鎌倉間であるが、『海道記』で一四日、『東関紀行』で一三日、女旅の『十六夜日記』で一四日であった。

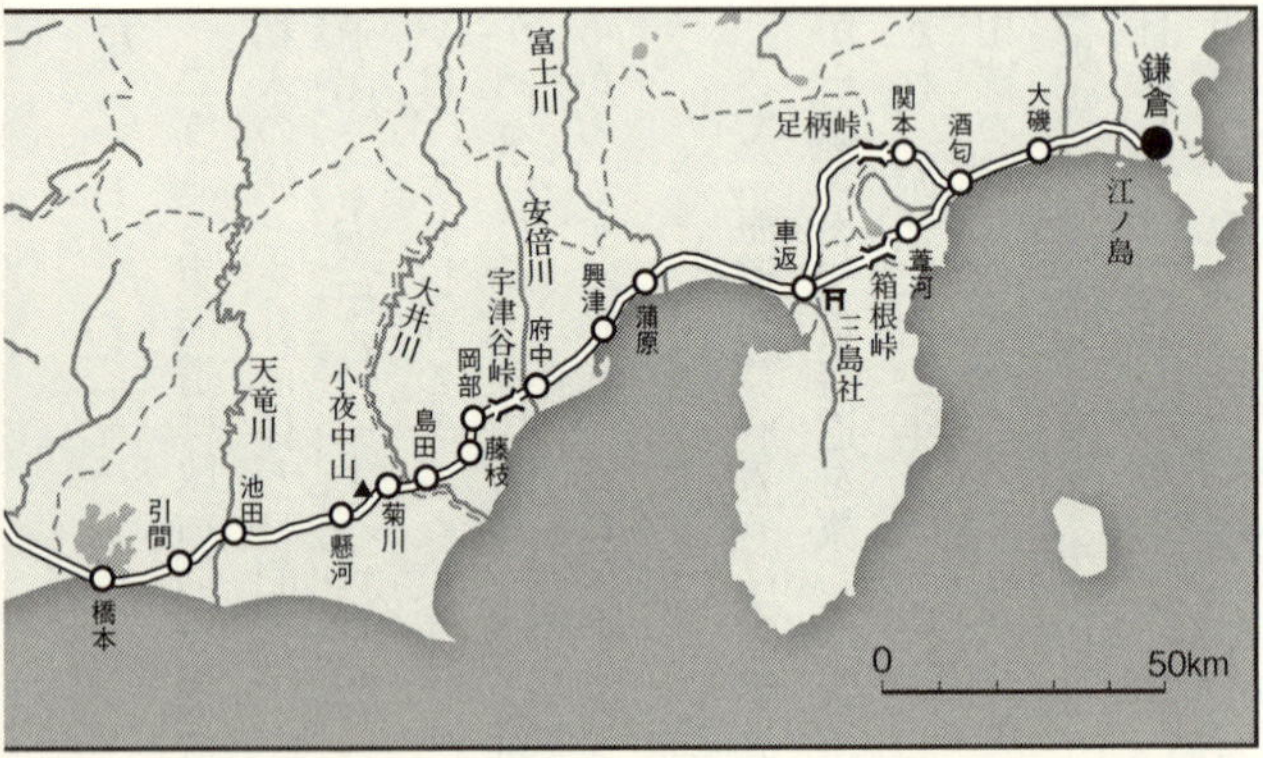

このような旅が可能になったのは、私人の泊まれる民間経営の宿《しゅく》が作られるようになったからである。こうした旅宿は、はじめは旅人が滞留や宿泊を余儀なくされるような河川の渡し場や峠の麓《ふもと》などに発生した。浜名湖《はまなこ》畔にある橋本《はしもと》宿や木曽三川の西にある青墓《あおはか》宿などがその典型である。かといって民間の宿もまだ十分なものではなかった。これらの旅日記は一様に宿のうら寂しい光景を描写している。当時は旅行者が焼き干し飯《いい》などの主食や、大根や菜類の塩漬けなどの副食を携行し、旅宿はそれらの食糧をひたす温湯と簡単な寝具を提供するにとどまったようだ。

宿が民営で発達するようになっても、同時に安全な旅行も維持されなければならない。鎌倉幕府の統制力によって路地の強盗などの蛮行が取り締まられた。承元《じょうげん》四年（一二一〇）、将軍実朝《さねとも》の御台所《みだいどころ》（妻）の女房丹後局《たんごのつぼね》

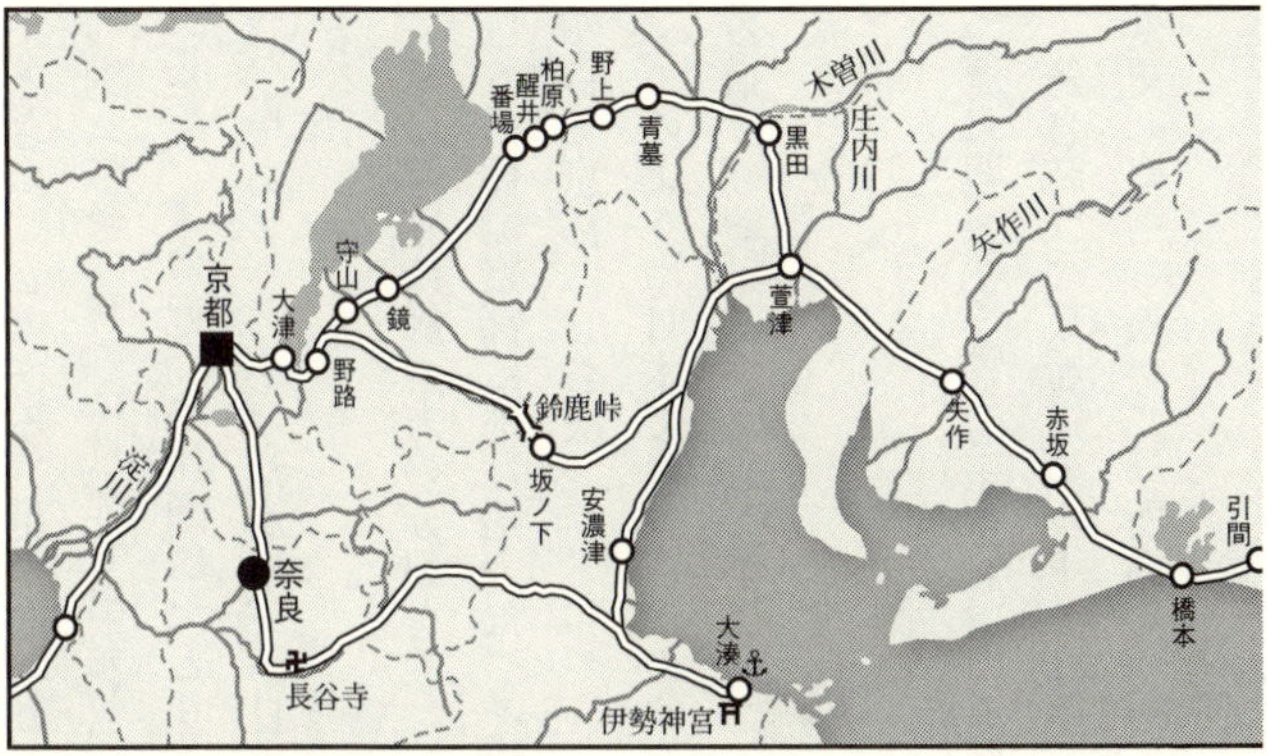

図３—２　鎌倉時代の東海道

が京都から鎌倉へ下る途中、駿河の宇都山《うつのやま》（宇津谷《うつのや》峠）で群盗のため所持の財宝や装束を盗み取られる事件があり、幕府はただちに駿河以西の宿々に夜行番衆を置いて旅人の警護をするように命じている。

押松、三日半で京・鎌倉を走る——衰退する馬による通信連絡

前項で、鎌倉幕府が緊急連絡の場合は早馬を使用すると記したが、実はその制度がどこまで維持されたのかは疑わしい。むしろ馬の利用から人の脚力に依存する方向に転換していったようだ。その理由は定かではないが、結局、道路構造の貧弱さのゆえに帰するほかはないだろう。

承久三年（一二二一）、承久の乱で後鳥羽上皇が北条義時《よしとき》追討の院宣《いんぜん》を諸国に下して兵を募ろうとし

たときのことである。足の速いことから使者に選ばれた押松《おしまつ》という名の男は、五月十五日酉《とり》の刻（午後六時）に京都を出発し、馬にも乗らず、夜を日についで走り続け、十九日午《うま》の刻（正午）、鎌倉近くの片瀬《かたせ》にたどり着いた。実時間三日と一八時間、当時は京都・鎌倉間は一二〇里あまりであったから、一日平均三二里、約一三〇キロを飛ぶように駆けていったのである。

その院宣は鎌倉方の分裂を策したものであったが、鎌倉には受け入れられず、押松はほうほうの体《てい》で京都に逃げ帰った。そのときもまた、干飯《かれいい》三升を一度に腹に詰め込んだまま、丸四日で京都に立ち戻った。

このように日本では、古代の律令制国家が造った七道駅路以来、騎馬が直線的に疾駆できる道は、およそ一〇〇〇年後の二十世紀に自動車が輸入されるまで、絶えて造られることはなかった。

歴史的変遷を繰り返す東海道の道筋

鎌倉時代の東海道のルートは平安時代のそれをほぼ踏襲しているのだが、大きくルートを変更したところが二ヵ所ある。一つは鈴鹿峠《すずかとうげ》越え、もう一つは関東の足柄峠《あしがらとうげ》越えである。

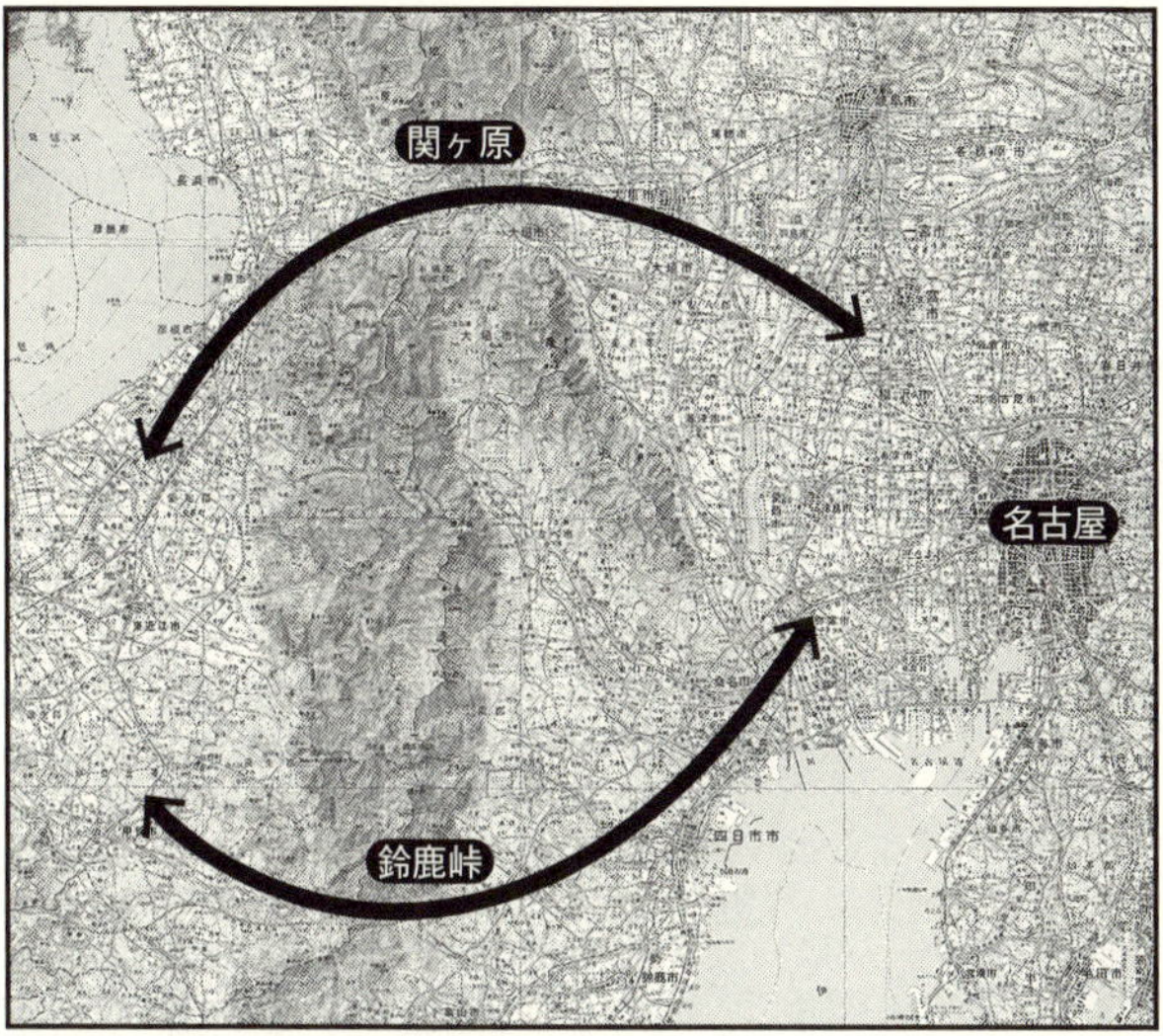

図3―3　近畿・中京の連絡

そのことは前記の三日記からも分かる。『海道記』の著者はまだ南回りの鈴鹿越えであったが、『東関紀行』と『十六夜日記』では北回りの関ヶ原《せきがはら》経由となっている。もう一つの足柄越えも、『海道記』は旧来の足柄越えであったが、以後の二者は箱根《はこね》越えになった。

　この二ヵ所は古代と中世だけでなく、後世にも政治体制が変更されると、それによってルートを変えた。第一は鈴鹿・伊吹《いぶき》山系の通過地点の選択である。具体的には南の鈴鹿峠を越えるか北の伊吹山麓の関ヶ原を過ぎるかの問題で、古代東海道では南回りの鈴鹿越えであったが、中世になって関ヶ原越えにな

表3―1　東海道ルートの歴史的変遷
（鈴鹿・伊吹山系の越え方）

	鈴鹿越え（伊勢国経由）	関ヶ原越え（美濃国経由）
①古代	駅路東海道	（東山道）
②中世		東海道
③近世	街道東海道	（中山道）
④近代初期	国道1号	鉄道東海道本線
⑤近代後期	高速国道計画（東京・下関）	
⑥現代1（昭和期）		名神高速道路・東海道新幹線
⑦現代2（平成期）	新名神高速道路・リニア新幹線	

った。さらにその後の推移を見ると、江戸期東海道でふたたび鈴鹿越え、明治期国道はそのまま鈴鹿越えを踏襲したが、名神高速道路では関ヶ原越えとなり、さらに新名神高速道路では鈴鹿越えと、交替するようにルートを変えている。これは鉄道でもリニア新幹線計画にまで続いている。このような関係はときどきの事情はあろうが、大局的には、相互補完の役割を担っているものといえよう。図3―2に地域の全体図、図3―3と表3―1にルート変更の歴史的推移を示す。

　足柄越えは、阿仏尼が弘安《こうあん》二年（一二七九）に『十六夜日記』のなかで、「足柄は道遠しとて箱根路にかかる」と記しているように、これまで駅路としての整備が難しかった箱根路が開発されて、近道であるこちらが主となった。この箱根路は、ルートの大筋としては近世以降もそのまま使われ続けた。現代になって、東名高速道路が足柄回りとなった。これは先に示した高速道路の古代回帰の例の一つでもあり、歴史的変遷を繰り返している。箱根路の細かいルートについては、第四章で示す。

甦った中世東海道の橋と将軍頼朝

鎌倉時代の東海道にあった橋が思いがけないときに甦《よみがえ》った事例がある。建久九年（一一九八）十二月五日、すでに鎌倉に幕府を開き、征夷大将軍となっていた源頼朝は、将卒を率いて相模川橋《さがみがわ》の落成供養に臨んだ。折悪《おりあ》しく北風が吹いて寒さが厳しく、頼朝は寒気に触れて病を得、帰途に落馬して、それがもとで翌年一月に死んだ。

相模川は江戸時代には馬入川《ばにゅうがわ》と呼ばれたが、これは頼朝の馬が暴れて落ちたことにちなんだ名である。ここにはじめて橋が架けられたのは鎌倉時代で、後に一度修復されたが、その後は明治に至るまで橋が架けられたことはなく、江戸時代には舟渡しであった。古代東海道にも橋はなく、道筋は現在よりもう少し上流を通っていたようだ。

相模川に最初に橋を架けたのは、稲毛三郎重成《いなげさぶろうしげなり》である。重成は頼朝の第一の忠臣であった畠山重忠《はたけやましげただ》の親族で、彼の妻は重忠の妻と同じく北条時政《ときまさ》の娘で、頼朝の妻政子の妹である。鎌倉幕府成立後、重成は妻を亡くし、これを悲しんで剃髪《ていはつ》して入道となり、相模川の近くに

図3—4　甦った相模川の橋脚（神奈川県茅ヶ崎市下町屋）
（写真・茅ヶ崎市教育委員会）

一寺を建て、念仏三昧《ざんまい》の日を送っていた。相模川で年々渡船のために命を失う人の多いのを見て、妻の追善のために独力で橋を架けることを決意した。建久九年（一一九八）、将軍頼朝の許可を得て着工し、同年十二月に完成した。頼朝がこの橋の落成供養に臨んだのも、このような因縁があったからである。

大正十二年（一九二三）の関東大震災のときに、七〇〇年以上を経て当時の橋脚七本が出現した。現神奈川県茅ヶ崎《ちがさき》市下町屋《しもまちや》にあり、国道一号の路線に近い。中世東海道がその後の近世東海道やそれを踏襲する現国道にほぼ一致することを証明するものでもある。

ただ、この橋脚は現在の相模川より二・五キロほど東にあり、相模川の川筋がかなり変動したことを物語っている。飛び出した橋脚は、防腐措置をしてそのまま残されていて、国の史跡指定もされている。

二　新しい秩序と道

鎌倉の都市形成と道

話は前後するが、源頼朝は治承《ちしょう》四年（一一八〇）八月、伊豆《いず》で挙兵した後、十月に鎌倉に入った。以後、鎌倉に居を構えて後には幕府を開き、都市の造営と道路の開発に努めた。この地を選んだ理由は、もともと頼朝の父義朝《よしとも》や兄義平《よしひら》が本拠とした土地であったこともあるが、南だけが海に開け、あと三方は山に囲まれた要害堅固な土地であったことにある。浜の近くにあった鶴岡八幡宮《つるがおかはちまんぐう》を現在地の北山に移し、由比ヶ浜《ゆいがはま》からの直線道路を造成し、若宮大路《わかみやおおじ》と名づけた。これを基軸に鎌倉の都市造営を行った。この道は今も残る。八幡宮の社頭から由比ヶ浜まで約一・七キロあり、その幅は数次の発掘調査の結果、二の鳥居までの約五〇〇メートルは三三メートル（一一丈）であると分かった。社頭の一の鳥居から二の鳥居

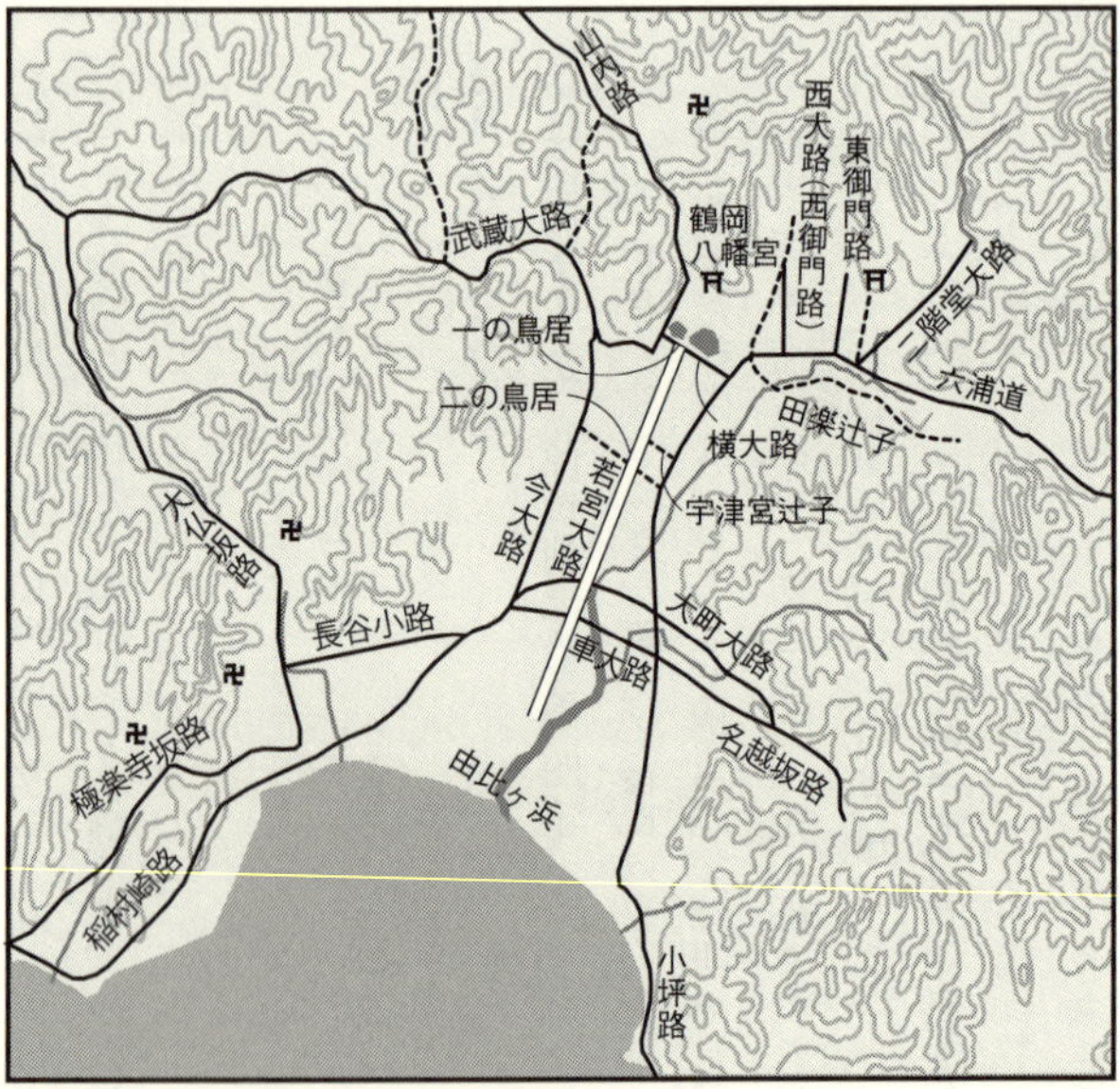

図3－5　鎌倉の道（概略図）

までは、現在も段葛《だんかずら》と呼ばれる特異な構造があり、道の中央の幅五間（九メートル）、高さ一尺五寸（四五センチ）の一段高い部分であり、その両側は石を重ねて抑えてある。ただしこれは近世以降、何度も造り替えられており、中世当初の遺構ではない。段葛はもともと置道《おきみち》と呼ばれたように、低湿地に石を置いて大路を整えたものであるとともに、「特定の尊貴の人のための通路」であったようだ。

　若宮大路の南端の由比ヶ浜は遠浅で、大型船の接岸には適さなかったので、執権北条泰時《やすとき》は貞永《じょうえい》

図3―6　朝比奈切通（神奈川県鎌倉市十二所）

元年（一二三二）に、由比ヶ浜より東南約一キロの海岸沖に和賀江《わかえ》島という人工島を造営した。頼朝は道路整備に熱心だったが、北条泰時も土木施設の造営に大きな関心を持ち、この港湾施設の建設のみでなく、道路についても鎌倉七口《ななくち》の一つでもっとも長い六浦道《むつらみち》の開削に挑んだ。『吾妻鏡《あづまかがみ》』によると、仁治元年（一二四〇）十一月に泰時は六浦道の改修を評議し、諸将に区間を割り当てて工事を進めた。翌年、工事が進まぬことを憂慮した泰時は、自ら工事現場に出かけて自分の乗馬で土石を運ばせるなどして工事の進捗《しんちょく》を図った。この道筋は三浦《みうら》半島を横断し、東京湾から房総《ぼうそう》半島に渡るルートであり、その難所の朝比奈《あさひな》切通《きりとおし》では、急坂にならないように一〇メートル以上も岩山を切り下げ、両側に幅三〇センチほどの側溝を持つ、側溝の中心間の距離四メートルの岩道である。その風格はまことに堂々たるもので、工事の困難さが容易に察せられるだけでなく、私の知る限り、わが国最古の本格的な切り通しであろう。泰時はこの工事の完成を見ることなく病死した。なお、泰時は東海道の三河《みかわ》国本野原《ほんのがはら》（現愛知県豊川《とよかわ》市本野ヶ原《ほんのがはら》）で、旅人が道に迷いやすいところに道しるべとして柳の木を植えたことが、前記『東関紀行』に見える。また、執権当時の泰時は道路に意を注いだとして、『明治以前日本土木史』でも高く評価されている。

鎌倉街道の展開と鉢の木伝説

東海道のように古代の道をほぼ引き継いだような道とは別に、鎌倉幕府は、後に鎌倉街道あるいは鎌倉道と呼ばれる新たな道も造成した。「いざ鎌倉」の言葉が伝えられるように、一朝有事の際には、各地の鎌倉武士たちが手勢を引き連れて鎌倉に馳《は》せ参じるための軍用を主とした道路であった。

これは鎌倉を中心に新たに放射状に造られた道で、東国一五ヵ国の御家人が番役として順番に幕府に奉仕したので、おおむねその範囲にわたる。この一五ヵ国とは遠江《とおとうみ》以東の東海

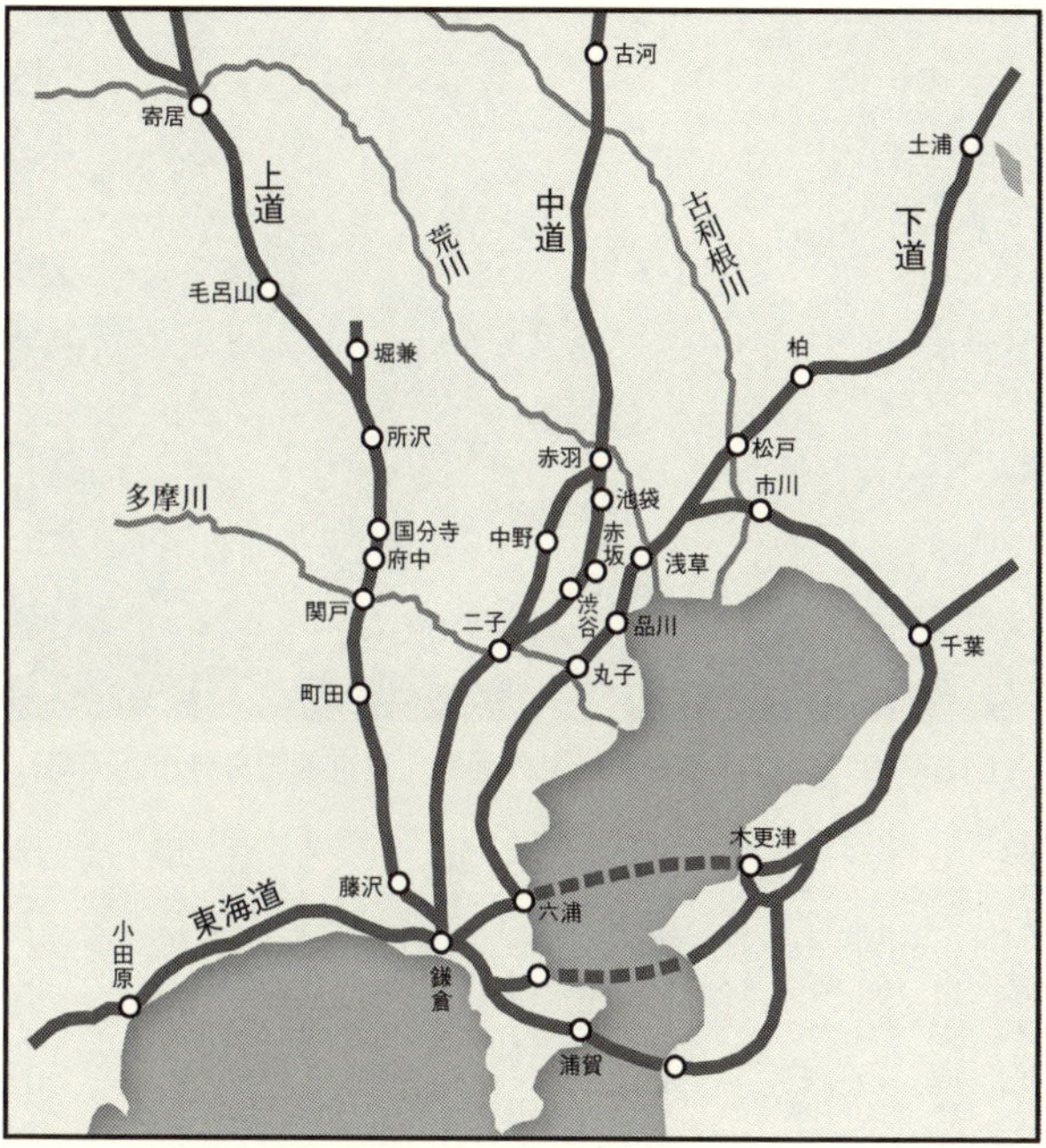

図3—7　鎌倉街道幹線道路図（『道Ⅱ』をもとに作成）

道一〇国と信濃以東の東山道五国である。それだけでなく、古代には制御不十分であった東北地方から北海道まで交通圏が拡大した。さらに、越中から飛驒《ひだ》を経て信州・東国にまで鎌倉街道と呼ばれる道筋が何本か明らかにされており、東国中心といっても、かなり広範囲に鎌倉街道や鎌倉道と呼ばれる道筋があったようだ。

　鎌倉道として特に著名なのは、関東平野を中心に広

図3―8　今に残る鎌倉街道の面影（東京都国分寺市西元町）

がる上道《かみのみち》・中道《なかのみち》・下道《しものみち》（この道の書き方、読み方はいろいろある）の三本で、さらに支線が加わり、現在でも鎌倉街道の名が残る場所も多い。この鎌倉街道の名はみな近世以降に付けられたものである（図3―7）。今もその面影を宿す道筋が残されている（図3―8）。また鎌倉街道の遺構の発掘も報告されているが、それらの道路遺構が発掘されるのは、現在そう呼ばれている道ではなく、それにほぼ並行したような場所である。つまり中世の鎌倉街道が現代までそのまま続いているわけではない。

これらの主要な鎌倉街道は、どの程度、古代駅路と関係があるのだろうか。上道は、ルートとしては、東山道武蔵路という奈良時代に廃絶した支路と、基本的にはよく似た道筋を通っている。しかし、二つの道はおおよそ近くを通るが、完全に一致するところはないようである。

　鎌倉街道の意味を伝える故事に「鉢木《はちのき》伝説」がある。鎌倉幕府の五代執権、北条時頼《ときより》が出家して最明寺《さいみょうじ》入道となり、旅僧に身をやつして諸国行脚をした。時頼は先に見た北条泰時の孫である。上野国佐野《さの》で大雪に遭い、貧家に一夜の宿を借りた。その家の主人、佐野源左衛門常世《さのげんざえもんつねよ》は秘蔵の鉢植えの梅・松・桜を火にくべて歓待した。常世は「今は落ちぶれているが、鎌倉に一朝ことがあれば馳せ参ずる覚悟」と語る。後日、召集がかかり、諸国の武士が駆けつけるなかに常世がいた。そこに現れたのが入道時頼で、常世を誉《ほ》めて、梅松桜の名の付く荘を与えた。その一つとされる「桜井の荘《さくらいのしょう》」が現富山県黒部《くろべ》市三日市《みっかいち》にある。市民会館の敷地内に、常世の子孫の筆になる記念碑がある。

　常世が住んでいた上野国佐野は現群馬県高崎《たかさき》市上佐野町《かみさのまち》にあたり、常世が鎌倉に駆けつけたのが事実とするならば、おそらく上道を通ってきたことになる。江戸時代の川柳に、「佐野の馬戸塚《とづか》の坂で二度ころび」とある。上道を通って鎌倉に来れば、戸塚あたりではちょうど近世東海道とクロスすることになり、急坂の多い場所である。佐野の馬は貧乏で痩《や》せ衰えていたから、このあたりで難儀した、というのが川柳の含意だろう。

　鎌倉街道が実際に軍事に使われたのは、あまり聞かない。ただ初期には頼朝自身が用いている。文治五年（一一八九）七月、頼朝は仲違《なかたが》いしていた弟の義経《よしつね》をかくまったとして、鎌倉から大軍を発して奥州平泉《おうしゅうひらいずみ》の藤原氏を滅ぼした。そのとき、頼朝は軍を三手に分け、自らは「中路」を行ったと『吾妻鏡』は記している。鎌倉街道の中道は、これを基本として造られたのであろう。この中路は、東京都港区の東宮御所などのある赤坂《あかさか》御用地を通るもので、現皇太子徳仁《なるひと》親王がその著書（『テムズとともに』）のなかで、その地内に「奥州街道」と書かれた標識を見つけ、古地図や専門家の意見などによって鎌倉時代の街道が通っていたと分かり、本当に興奮した、と述べている。このほか都心では、中路の通過地である渋谷《しぶや》の金王《こんのう》八幡宮に頼朝の父義朝にからむ伝説がある。

このような軍事道路は、敵味方の力関係が逆転したときには、しばしば敵を利することになる。鎌倉幕府が滅亡する最後のときに、朝廷方に属した新田義貞《にったよしさだ》は上道から侵攻して鎌倉に入り、幕府に止《とど》めを刺した。元弘《げんこう》三年（一三三三）のことである。

世界史で名高いのは、第一章で触れた古代ペルシャ帝国のダレイオス一世が造った「王の道」の運命である。一〇〇年あまり後、マケドニアのアレクサンドロス大王は、この道を逆に利用してペルシャを手中に収めた。第二次世界大戦末期、ドイツの総統ヒトラーが国内に張り巡らしていたアウトバーンは、緒戦こそポーランド進撃などに効果的であったが、末期には東からのソ連軍、西からの英米連合軍の進撃に力を貸すことになった。

全国への道と蒙古襲来

鎌倉幕府の支配は、東国のみにとどまらず、全国に及んだ。奥州への道にも宿が設けられていたことは具体的には明らかではないが、鎌倉時代の歴史書である『吾妻鏡』に、奥州街道筋の地頭に宛てた御教書《みぎょうしょ》に「宿々」という言葉があることから間接的に推測されている。

九州の出先機関である鎮西探題府《ちんぜいたんだいふ》がある博多《はかた》と京都の間には山陽道があった。京都には、幕府の出先機関として、はじめに京都守護が置かれ、後に六波羅《ろくはら》探題が置かれた。山陽道の交通が脚光を浴びるのは元寇《げんこう》すなわち蒙古《もうこ》襲来のときである。最初の文永《ぶんえい》の役《えき》のときには、蒙古軍が文永十一年（一二七四）十月五日にまず対馬に襲来したとの第一報が京都の六波羅府に到着したのは同月十七日であった。対馬・博多間の所要行程を二日前後と仮定すると、博多・京都間は約九日となる。いずれも早馬での通報である。ただし、その直後の博多沖での台風による蒙古軍覆滅の吉報が京都へ到着するには一五、六日も要し、その他の通報もあわせると、文永の役の京都・博多間の飛脚の日数は九日、一一日、一六日前後になる。

これは平安時代の律令制の規定である飛駅（もっとも緊急の場合の連絡便）による通報に比

べればかなり遅い。平安時代末期に「刀伊《とい》の入寇」という事件があった。寛仁《かんにん》三年（一〇一九）三月に、満洲民族の一部（女真《じょしん》）と見られる海賊が対馬・壱岐を襲い、さらに筑前《ちくぜん》に侵攻した事件である。そのときの飛駅は大宰府から九日で京都に着いている。この時期は古代の駅制が衰微し、もはやその機能の大半が喪失されている時期であった。それに比べても、文永の役における通報には時間がかかっている。

蒙古襲来の二度目は弘安《こうあん》の役といって、七年後の弘安四年（一二八一）に同じ博多に襲来した。このときの通報は、博多・京都で六～七日であった。これは文永の役から弘安の役までに、鎌倉幕府が逓送制度に何らかの改善策を施した結果だろうと、中世交通史の先達である新城常三《しんじょうつねぞう》は推測している。蒙古襲来は、山陽道の整備改善にも寄与したに違いない。

統一した道路システムを持たなかった中世の後半期

元弘三年（一三三三）五月二十一日、後醍醐《ごだいご》天皇の親政に味方する新田義貞の軍勢が、鎌倉街道上道を南下して鎌倉に攻め入り、幕府の北条高時《たかとき》以下の一門を討ち果たし、鎌倉時代はそのほぼ一世紀半の歴史を終えた。それ以降、徳川家康《とくがわいえやす》によって五街道が開かれるまで、ほぼ二七〇年の間、日本は統一した道路システムを持つことはなかった。

そのころの道路の状態を物語るエピソードがある。『太平記』によると、鎌倉幕府終焉《しゅうえん》の同じ年の四月二十七日、このときは後醍醐天皇側にあった足利尊氏《あしかがたかうじ》と京都を支配している幕府方の六波羅勢の戦いが始まった。後醍醐天皇方の千種頭中将忠顕《ちぐさのとうのちゅうじょうただあき》が京都の中心に西側から攻め入ろうとする状況で、久我縄手《こがなわて》を攻め進んだところを、「さしも深き久我縄手、足も立たぬ泥土を凌《しの》いで、馬を打ち入れ打ち入れ云々《うんぬん》」と描写している。つまり、足も立たないような泥田のなかに馬を無理やり進ませたということである。縄手は畷《なわて》とも書き、直線的な造成道路をいい、この久我縄手とはかつての古代山陽道である。それが今や足も立たないような泥田と化していたのであった。

後醍醐天皇による建武《けんむ》親政は、諸政の改革をもくろんで、交通にも新しい規定を設けた。たとえば「諸国行程事」で各国から京都への往復の日時を定めたりしているが、これは古代の『延喜式』での規定を簡略化したようなもので、あまり実効性はなかったと思われる。つまり、強く有効な権力支配がなければ、制度を作るだけでは道路のシステムは十分に機能しないのである。

その後の室町時代には道路や交通に対する施策はほとんど見るべきものはなく、かえって多くの関所を道々に設けて関銭《せきせん》（通行税）を取るなど、後向きの政策しか取られていない。

道路遺構の発掘から見た中世の道の歴史的性格

ここで道路遺構の発掘状況から、道路を史的に眺めておきたい。近江俊秀《おうみとしひで》がまとめた発掘道路遺構の一覧（『古代交通研究』第七～九号）によれば、平成十一年（一九九九）までで三六六ヵ所の遺構が発掘されている。私が集計した結果ではそのなかで遺構の年代が明らかになっている二九〇ヵ所のうち、古代（古墳期を含む）が二四四、中世が三〇、近世が一三、中世～近世が三となっていて、古代が約八四パーセントと圧倒している。さらに、たとえば奈良時代の全遺跡に占める交通遺跡の割合は、他の時代と比較して高い。これらのことは、古代の道の多くがある時期以降に廃絶して道路としてほとんど全く使用されなくなったことを意味している。現在の文化財調査は、農地整理や住宅開発あるいは新しい高速道路の建設など、現代的な開発計画に付帯して実施されるのが大半であり、したがって、現在の道路とは関係のない場所で行われるものがほとんどである。

これに対して、中世と近世の道路遺構がそれぞれ古代の一〇分の一程度しか発見されないのは、これらの時代の道が廃絶して、全く関係のない農地や宅地の下になっていることが少なく、現在でも道路に使われているので、新たな開発計画によって発掘調査が行われるような機会がほとんどないからである。

先に鎌倉街道の一つである上道と古代の東山道武蔵路の照合検討で見たように、中世の道は古代路とはたとえ並行していても異なる道筋であり、その多くが近世以降に引き継がれた

図３—９　現在も残る古代道路を踏襲した国道８号　正面に伊吹山を望む（滋賀県愛知郡愛荘町沓掛付近）（提供・NEXCO中日本）

と思われる。つまり、道路の歴史的系譜を見るとき、幹線道路としての駅路は補修がしにくいなどの理由で平安時代の終わりまでに廃絶し、それまでの伝路的な性格の道や、中世以降に造られた道が後代に引き継がれたと考えられる。つまり幹線道路に関しては、古代と中世との間に大きな断絶があったと考えてよいだろう。

もちろん、現在まで使い続けられている古代路も絶無ではない。たとえば、滋賀県の湖東《ことう》平野では、東山道を踏襲した道が、中山道を経て国道八号になっているが、今でも東北方の進路先に伊吹山が見える（図3—9参照）。これは最初の東山道が針路の目標として選んだからである。この直線路の現国道は、暫《しばら》くして左方に少しぶれる。多分直線の古代道路が、軟弱地盤にでもぶつかって、無理やりに通してみたものの、修復に手間がかかるので、いつの時代かに付け替えたものであろう。それが中山道から国道八号になって残った。いっぽう、本来そのまままっすぐに延びたはずの数キロ先で古代道路の遺構が見つかった。尼子西《あまごにし》遺跡（現犬上《いぬかみ》郡甲良町《こうらちょう》）という。しかもそのあたりで古代路の遺構が見つかるはずだと予言していた人がいた。古代道路の先駆的研究者の一人であった足利健亮《あしかがけんりょう》である。古代道路は直達性という特徴を持っていたために、このような予言が可能であったのである。

三　戦国時代の道

弱者は道を壊し、強者は道を造る

戦国時代は新しい秩序を求めて群雄の争う時代で、その間にも道路は多様な姿を見せる。ここではこれを、各地の支配者の対処のあり方から見て、弱者・強者・覇者の三区分に分別して、その特性を見ることとしたい。

それぞれの領国を支配する守護大名たちは、軍事あるいは民生のための交通を確保するために道路の維持を必要としたが、いざ合戦となったとき、弱小の立場にあるものは橋や道路を自ら破壊して、敵の進入を防いだ。たとえば、これは近世に入ってからのことになるが、天正《てんしょう》十八年（一五九〇）、北条氏を討てという豊臣秀吉《とよとみひでよし》の命を受けて前田利家《まえだとしいえ》を総督とする北国勢が信濃から関東に攻め込んだとき、上州松井田《じょうしゅうまついだ》の城主大道寺政繁《だいどうじまさしげ》は東山道（後の中山道）の碓氷峠《うすいとうげ》下の堀切《ほりきり》にある細い尾根道を切り落として、防戦に努めた。大道寺氏を弱者とはいえないかもしれないが、相対的に守勢の立場をとる者はそのような手段に出た。

多くの戦国諸侯の道路・橋梁の対策はその他の政策一般と同じく、主体は軍事的な必要性

図3—10　信玄の棒道（写真提供・一般社団法人北杜市観光協会）

から出たものであって、場合によっては一般領民の交通を禁止さえした。

信玄の棒道

さらに強力な者は他国へ攻め込むために専用の軍事道路を造った。武田信玄《たけだしんげん》の棒道《ぼうみち》は、そのよく知られている例の一つである。信玄は信濃の上杉謙信《うえすぎけんしん》を攻めるために、まず自らの居城のある甲府の西の現韮崎《にらさき》市穴山町《あなやままち》付近から国境の現北杜《ほくと》市小淵沢町《こぶちさわちょう》まで、およそ二五キロの区間に新たな軍事道路を造った。途中に三本の道筋があったとも伝えられる。棒道の名が示すように、ほぼ直線的に八ヶ岳《やつがたけ》山麓を行くもので、現在もいくつかその痕跡《こんせき》を見ることができる（図3—10）。

弱者と強者の道路政策の違いは以上のようなものであった。それでは覇者はどうか。それは次章で語ることとしたい。

なおこれまで、本書の中世に関する記述が鎌倉時代に偏して、中世後期、特に戦国時代の記述が少ないというご批判があるかもしれない。残念ながら、それは認めざるを得ないが、参照する文献が少ないことによる。たとえば藤原良章《ふじわらよしあき》・村井章介《むらいしょうすけ》編『中世のみちと物流』（一九九九年刊）は、標題からいえば中世期全体を覆うと期待されるが、内容的には鎌倉時代が中心で、室町から戦国にかけての叙述はほとんどない。もちろんそれらの時代に対する調査研究が全くないわけではない。たとえば『交通史研究』第八三号（二〇一四年三月）には、石橋新次「中世後期の陸の道・川の道——筑後《ちくご》地方」という論文があるが、対象年代が天正期（一五七三〜九二）で、もはや近世と呼んでもおかしくない。要するに、中世後期の戦国の時代には統一権力がなく、それゆえ道路史に刻まれるべき大きな出来事もなかったということである。

第四章　近世――平和の礎としての道

一　覇者の道

覇者は道を与える――織田信長

ここでいう覇者とは、長い戦乱の世にあって天下の統一に進んだ信長・秀吉・家康の三者を指す。まず織田信長だが、信長を「我が国道路史上特筆すべき人物」と評価したのは新城常三である。新城は、それまでの戦国諸侯が道路・橋梁の建設・維持についてもっぱら軍事的観点からのみ関心を示したのに対して、信長には「民衆の公益と、戦争よりもむしろ新時代の平和的建設事業としての意図が濃厚であった」（『戦国時代の交通』）とする。

信長の道路政策は、決して覇者になってから始まったことではない。まだ室町幕府が命脈を保っていた時代、永禄《えいろく》十一年（一五六八）に上洛すると、当時支配していた尾張・美濃両国と近江の半国内の関所をただちに撤廃し、関銭を取ることを禁じた。天正二年（一五七四）三月、使者を四方に発して道の里程を定め、舟橋（舟を並べ、その上に板を渡した橋）を架けた。同年閏十一月には坂井文介《さかいぶんすけ》はじめ四人の道奉行を置いて尾張国中の道と橋を修理させた。農閑期を利用しての農民の手によるものだった。その大道は三間半（六・三メートル）、脇道は三間（五・四メートル）、屈曲の激しい部分はまっすぐにし、左右に松や柳を植えた。これは軍事的理由より明らかに道路の美観を重んじたものである。当時の落書《らくしょ》にこうある。

世は地獄、道は極楽、人は鬼、身は濁り酒絞りとらるゝ

道だけが極楽とは、風刺とはいえ世界に類がないだろう。さらに翌年七月には近江の勢田橋を架け替えた。この橋は古代以来架けられていたものだが、面目を一新した。橋の長さ一八〇間余（約三三〇メートル）、幅四間（七・二メートル）、両側に欄干を備えた。これは天下のためというより旅人に配慮したものだと、『信長公記《しんちょうこうき》』は記している。安土《あづち》・京都間の道

幅は五間（九・一メートル）であった。イエズス会士のルイス・フロイスが、イエズス会会長宛の書簡（一五八二年）で京・安土間の道路を称《たた》えて、「平坦《へいたん》な道路を造り、両側に木を植え、非常に大きな橋を架け、道中足をぬらさずに歩行しうる」と述べているように、信長のすぐれた天下統治の方針は外国人の目にも留まっている。天正十年（一五八二）、武田勝頼《かつより》を倒した直後にも、信長は甲斐・信濃二国に関所の撤廃と「道を作るべきこと」を命じている。このように信長が出軍の途上ではなく、凱旋《がいせん》の帰途に道路・橋梁の修復を命じているのは、明らかに平和的建設のための措置であり、信長の道路政策こそ、まさに民衆に道を与えるものであった。これは信長が本能寺《ほんのうじ》で非命に倒れるわずか三ヵ月前のことである。

秀吉の道と橋

豊臣秀吉もまた、信長の後継者たるにふさわしく、その道路政策は見事なものであった。天正十四年（一五八六）、まだ争乱のさなかではあったが、島津《しまづ》氏征伐にあたり、毛利《もうり》氏に山陽道から九州に至る長距離の道路の整備を命じ、その間の毛利領河辺川《かわべがわ》（現岡山県の高梁《たかはし》川《がわ》）から名護屋《なごや》（現佐賀県唐津《からつ》市）まで一里塚を築かせた際、一里は三六町（約四キロ）と明示しているのは、すでに平定時の一般交通を視野に入れた裁量である。さらに天正十八年

（一五九〇）、北条氏征伐後、秀吉は小田原《おだわら》から会津《あいづ》までおよそ一〇〇里の間に、幅三間の道路を沿道の諸民に命じ、建設させている。

　戦国時代末期の主な橋も多くは秀吉によって架けられている。天正十七年（一五八九）、北条征伐の議が定まった直後に、秀吉は増田右衛門尉長盛《ましたうえもんのじょうながもり》に命じて京都三条《さんじょう》大橋を修復・架橋させた。橋の規模は、六四間四尺（一一六・〇メートル、当時の一間は六尺五寸）、幅三間五尺五寸（七・五メートル）、擬宝珠《ぎぼし》に残る銘には、礎石は五尋《ひろ》（九・〇メートル）の深さまで入れ、橋柱六三本をすべて石柱としたもので、「石柱の橋は濫觴《らんしょう》（はじめて）なり」と記された。ただしこれは必ずしも正確ではなく、天正九年（一五八一）に柴田勝家《しばたかついえ》が福井（北之庄《きたのしょう》）城近くの足羽川《あすわがわ》に架けた九十九《つくも》橋は、半分は石造りであった。しかし、その規模からいえば、三条大橋を本邦初と豪語したのも誤りとはいえない。いずれにせよ、秀吉は天下取りにあたって、民衆の利用を意識した道路や橋の整備に意を注いだことは間違いない。

　このような信長と秀吉の道路政策から見ても、近世の始まりを織豊政権時代とする近年の考え方には、きわめて妥当性があるということができる。

二　五街道——一六六五年の幕政を支えた道

五街道は平和の道

信長と秀吉を経て、ようやく家康が天下泰平の世を開いた。ちょうど十七世紀に入ろうとするころである。家康は関ヶ原の合戦に勝利した翌年の慶長《けいちょう》六年（一六〇一）、東海道に伝《てん》馬《ま》制による宿駅制度を定めた。引き続いて、江戸を中心とする五街道を整備した。東海道・中山道《なかせんどう》・日光《にっこう》道中・奥州道中および甲州《こうしゅう》道中とそれらの付属街道である。五街道は幕府直轄とし、道中奉行が直接管理することなどから、江戸城防衛を主眼とし、東海道についても大井川《おおいがわ》に橋を架けず、もっぱら歩行渡《かち》しとしたのは江戸城防衛のためであるといわれることがある。しかし、大井川に橋を架けなかったのは、河床に砂礫《されき》層が堆積《たいせき》して、当時のくい打ち技術では深く打ち込めないため安定した橋脚を造るのが難しいなどの技術的理由や、いったん歩行渡しに人足を雇うとそれが川越人足として定着して廃止することが困難になるなどの経済的理由のためであることが明らかにされている。以下に述べる事実からも、家康（あるいは歴代の江戸幕府治世者）は五街道について、当初は別としても一般民衆の利便を優先的に考慮していたと考えられる。

戦略的には、道路は一般に尾根道が強く、谷筋は弱いとされる。尾根筋は見通しがよいので敵の攻撃に強く、逆に谷筋の道は上から襲われる可能性が高いことから、戦いに弱いとされる。東海道の箱根峠から東への道筋は、鎌倉時代以来、湯坂道《ゆさかみち》という尾根道が選ばれてきた。それに対して、江戸期五街道としての東海道では、旧街道と現在呼ばれているような谷

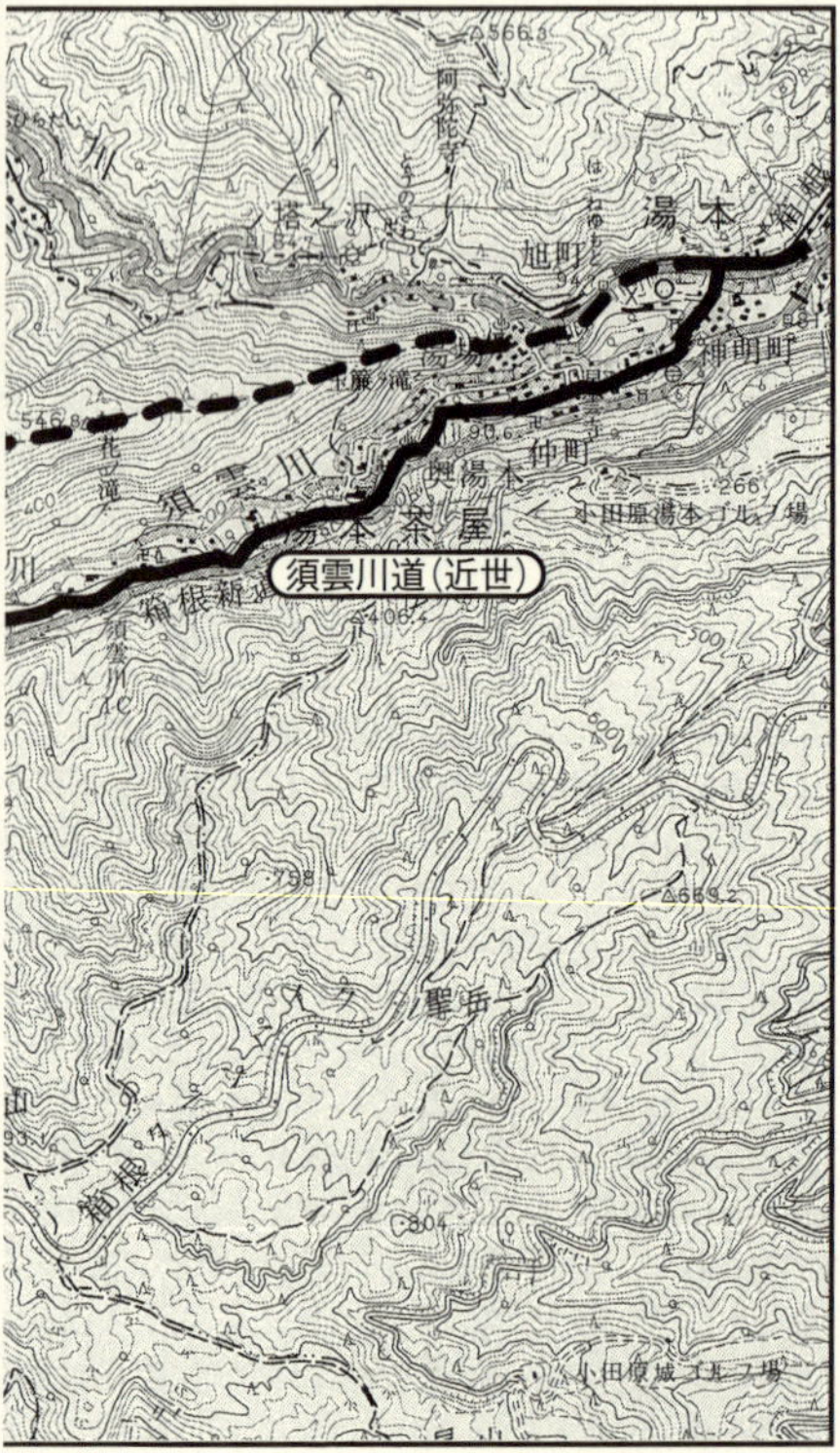

図４―１　箱根の湯坂道と須雲川道

筋の須雲川道《すくもがわみち》を選んでいる。これは、途中に現在でもいくつかの茶屋があるように、旅人が水を得るのに都合がよい道筋である。箱根旧街道を歩きながら上を眺めると、北側に尾根が続いているが、そこを走るのが湯坂道で、現在もハイキング道として残る。

やや後のことになるが、保土ヶ谷《ほどがや》宿付近でも、尾根筋から谷筋にルートと宿場が変更されている。このように、家康もまた覇者として民衆に道を与えたのである。

五街道の宿駅制度

東海道をはじめとする五街道にはすべて宿駅制度が布《し》かれた。宿駅制度とは、適当な間隔で配置された宿場に人足と荷駄用の馬である伝馬《てんま》を一定数常備し、公用の役人の荷物の運送にあたるもので、これを伝馬制度ともいう。公用とは幕府の仕事であって、参勤交代など大名の旅行などは含まれない。各宿場はこれら幕府御用のために、人馬の提供を命じられたが、その見返りとして宿場を経営し、一般の客の宿泊や荷物の輸送の権利を得た。常備する人馬は街道によって異なり、東海道では一つの宿場につき人足一〇〇人、伝馬一〇〇疋であったが、中山道では五〇人五〇疋、甲州道中では二五人二五疋など、交通量の多少に従って定められた。これらの負担は関係者にとってはきわめて重く、宿場の維持に苦労した。

江戸時代後期の文政《ぶんせい》五年（一八二二）、中山道の宿駅の一つである上州安中《あんなか》宿では五〇人五〇疋の負担に苦しみ、再三、嘆願をしたところ、当時の道中奉行石川忠房《いしかわただふさ》はこれを二五人二五疋に半減させた。このため地元民は忠房のために生祠《せいし》（生存している人を神として祭る社）を建てて感謝の念を表した。それほど宿駅制度は沿道の民を苦しめた。石川忠房は道中奉行の在職一七年に及び、宿駅制度に対して多くの改革を加えている。

しかし時代の推移とともに人びとの旅への欲求は強くなり、交通量も多くなった。幕府御用の交通も例外ではなかった。これに対して助郷《すけごう》制度など沿道住民への負担は拡大する一方であった。結局、幕府御用の輸送はすべて地元負担とする幕府の特権を解消するなどの抜本的対策をとらず、無理を重ねるうちに時が推移して、明治期を迎えることとなった。宿駅制度が幕府崩壊の一因でもあるといわれるようになったのも無理からぬことである。そのため、明治政府になると、陸運会社に取り扱いを委託するなど近代的交通体系に移ることになった。要するに、政府の輸送もすべて他の輸送と同じく有料となったのである。

田中丘隅と川崎宿

宿駅制度による負担を少しでも減じたいと考えて成功した者の一人が、江戸中期の東海道川崎宿《かわさき》の問屋《といや》の田中丘隅《たなかきゅうぐ》（一六六二―一七二九）である。問屋は「宿駅の公私旅行者に対し、人馬伝送宿泊等の役務を総理する役人」といわれ、全責任を持っているが、同時に丘隅が「問屋場にすわりて居《お》るは稀なり」と自著で述べるほどの激務であった。丘隅は隣接の六郷《ろくごう》川《がわ》の渡し舟の運営を川崎宿が請け負う許可を幕府から得て、それによって宿の経営の健全化を図って成功した。

丘隅は五十歳のときに問屋を子に譲った後、『民間省要《せいよう》』全一五巻を著し、農民の生活実態、年貢徴収の実情、凶作対策、治水策などを論じ、その問題点について自身の意見を記した。そのなかで道路の意味とその重要性を次のように述べている。

夫《そ》れ国土を人身に比して見れば、凡《およ》そ東海道は□脈にて、北陸道は督脈のごとし。其外《そのほか》五畿七道、皆人身一体の血脈運行するが如《ごと》くにして、一息の間も止事《やむ》なきに似たり。

この一文が示すように、『民間省要』は当時の状況を鋭く分析している。同書が幕府に献上されると、時の将軍吉宗《よしむね》の目に留まり、以後、丘隅は幕府に重用されて町奉行大岡越前《おおおかえちぜんの》守忠相《かみただすけ》の片腕となり、川方御普請御用に任命されて相模の国の酒匂川《さかわがわ》改修工事を成功させるなど、さまざまな業績を挙げている。

井上通女と新居関所

江戸期の旅行者にとって一つの問題であったのが関所である。関所は古代からあり、主として防衛戦略上の観点から設けられていた。東海道の鈴鹿関、東山道の不破《ふわ》関、北陸道の愛発《あらち》関などがそれである。中世に至っては、武家政権などが各所に関所を設けて関銭（通行税）を旅行者から徴収した。織田信長がこれらの関所を撤廃して、私人の通行の自由を確保したことはすでに述べた。近世では、五街道などにいくつかの関所を置いて通行者をチェックした。特に「入鉄砲に出女」といわれるように、江戸に向かう方向の武器類、江戸から出る方向の女性が厳しく取り締まられた。人質の意味があって大名の家族が江戸に留め置かれたので、その逃亡を警戒したのである。しかし場所によっては江戸に向かう女性も厳しく取り締まられた。

その実例を示す史料がある。四国丸亀《まるがめ》の藩主京極《きょうごく》家の家臣の娘である井上通女《いのうえつうじょ》（一六六〇—一七三八）という女性が、江戸への旅の途中、東海道の新居《あらい》関所で通行手形の書き方のわずかな不具合を理由に数日間留め置かれた話である（『井上通女全集』）。通女は父井上儀左

図4—2　井上通女の銅像
（香川県丸亀市六番丁）

衛門の四女であったが、幼女時代から容姿と才能に恵まれ、学者であった父の教育を受けて七、八歳のころから『源氏物語』をそらんじ、十二、三歳のころからは漢籍を学んだ。二十二歳のときに藩から声がかかり、藩主京極高豊《たかとよ》の母堂養性院の侍女として仕えるために江戸に上がった。事件はそのとき起こった。その話はとりあえず後回しにして、その後の生涯をごく簡単にいえば、江戸では藩侯の母の侍女という本職もさることながら、藩主の他の大名たちとの社交の場に随伴して和歌や漢詩を作るなど、殿様御自慢の才女としてお相伴役もしていた趣もある。三十歳まで江戸にいて、藩侯の母堂が亡くなったのを機会に故郷に戻り、結婚して一家を支え、七十九歳で死去する。後に貝原《かいばら》益軒《えきけん》が平安時代の有智子《うちこ》内親王以来の学富才優と絶賛したほどの人物である。有智子内親王は、女性の漢詩人としてその名を知られる人である。通女を顕彰して、銅像が香川県丸亀市

図4—3　新居関所（静岡県湖西市新居町新居）

立城西《じょうせい》小学校に建っている。

さて、通女が江戸に旅立ったのが天和《てんな》二年（一六八二）のことで江戸前期、元禄《げんろく》時代にやがて入ろうという時代である。そのときに書いた『東海紀行《とうかいきこう》』という旅行記が残されたことで、この話も今日まで伝えられている。その旅行は父に伴われていた。十一月十七日丸亀から船に乗り、難波で二日ほどかかって関所の御しるし（通行手形）をもらう。二十七日に新居の関所に着き、難波でもらった手形を差し出したところ、振袖《ふりそで》を着ているのは未婚の女であり、その場合は小女と書くべきところを、ただ女とだけ書いてあるのは不備だとして許可が出ない。急いで使いのものを大坂にやるのだが、待っているほど心細いものはない。このとき日記に記した和歌と漢詩各一首がある。漢詩は平仄《ひょうそく》押韻すべてきちんと規則に沿っている。この和歌一首は今、静岡県湖西《こさい》市新居町《あらいちょう》の関所跡の石碑の一つに彫られている。

旅衣《たびごろも》あら井の関を越《こえ》かねて　袖《そで》によるなみ身をうらみつゝ

身経万里走君命　身は万里を経て君命に走る
今日已来荒井関　今日已《すで》に来《きた》る荒井の関
未識少長因袖分　未《いま》だ識《し》らず少長の袖を分くるに因《よ》るを
空留旅館我心艱　空しく旅館に留《とど》まりて我が心艱《なや》む

六日の後、ようやく書き換えられた書類が届き、関所に届けたところ間違いなしとして許された。

こうした厳しい関所の詮議《せんぎ》を避けるために、東海道の旅をしながら箱根と新居の二つの関所を避けて、信州の山道廻りをした女旅の例がある。江戸後期に九州筑前の裕福な商家のお内儀《かみ》さんたち三人が御供の男衆三人を連れて、上方《かみがた》から関東まで足を延ばす自由気ままな旅の様子を、その一人の日記（小田宅子《おだいえこ》『東路日記《あずまじにっき》』）をもとに闊達《かったつ》な筆に乗せて解説したのが小説家の田辺聖子《たなべせいこ》である（『姥《うば》ざかり花の旅笠』）。それによれば、三人旅の彼女たちは関東へは善光寺《ぜんこうじ》参りを兼ねていたので、中山道を行った。日光にも立ち寄ったりして、江戸では芝居見物をするなど大いに羽を伸ばした。帰途の東海道では、街道筋をそのまま行かず、藤沢《ふじさわ》あたりから西北に甲州街道へ出て、信州の上諏訪《かみすわ》から南下、秋葉道《あきばみち》を通り御油《ごゆ》宿に出て、ようやく東海道に復帰した。こうして箱根と新居の二つの関所を回避している。宅子《いえこ》さん一行は、江戸で買い物をたくさんしたので、それを咎《とが》められるのを嫌がったのかもしれない。

天竜の渡しと既得権益

東海道の旅の実態は公式文書よりも、むしろ個人的な旅日記などのほうに率直に語られていて益するところが多い。

天竜川《てんりゅうがわ》は船渡しであったが、それを独占的に管理・運営していたのは池田村《いけだ》（現静岡県磐田市豊田《いわたとよだ》）であった。同村が徳川家康から渡船の免許を得たのは天正元年（一五七三）のことで、東海道の宿駅制度が発足する三〇年近く前のことである。当時、家康は浜松城《はままつ》を本拠にしていたが、前年の元亀《げんき》三年（一五七二）に武田信玄が天竜川筋を南下して、遠州に攻め入った。磐田原《いわたはら》の西端、一言坂《ひとことざか》で合戦となり、家康は負けて浜松城に逃げ帰った。そのとき池田の渡船衆が手助けして天竜川を無事渡し、武田の進撃を止めた功労によって免許が与えられた。渡船場は、はじめは東海道をまっすぐつないだあたりだったが、その後流路が変わって、次第に北に移さねばならなくなり、一・五キロほども上流になってしまったので、東海道の距離は都合一里近くも伸びてしまった（図4―4）。渡船場が移っても、権現様（家康）から直々に免許をもらった池田の衆がその権利を手放すはずはない。もともと池田村は東海道より少し北にあったのだ。いっぽう、それで損をする者も出た。見付《みつけ》・浜松両宿間の

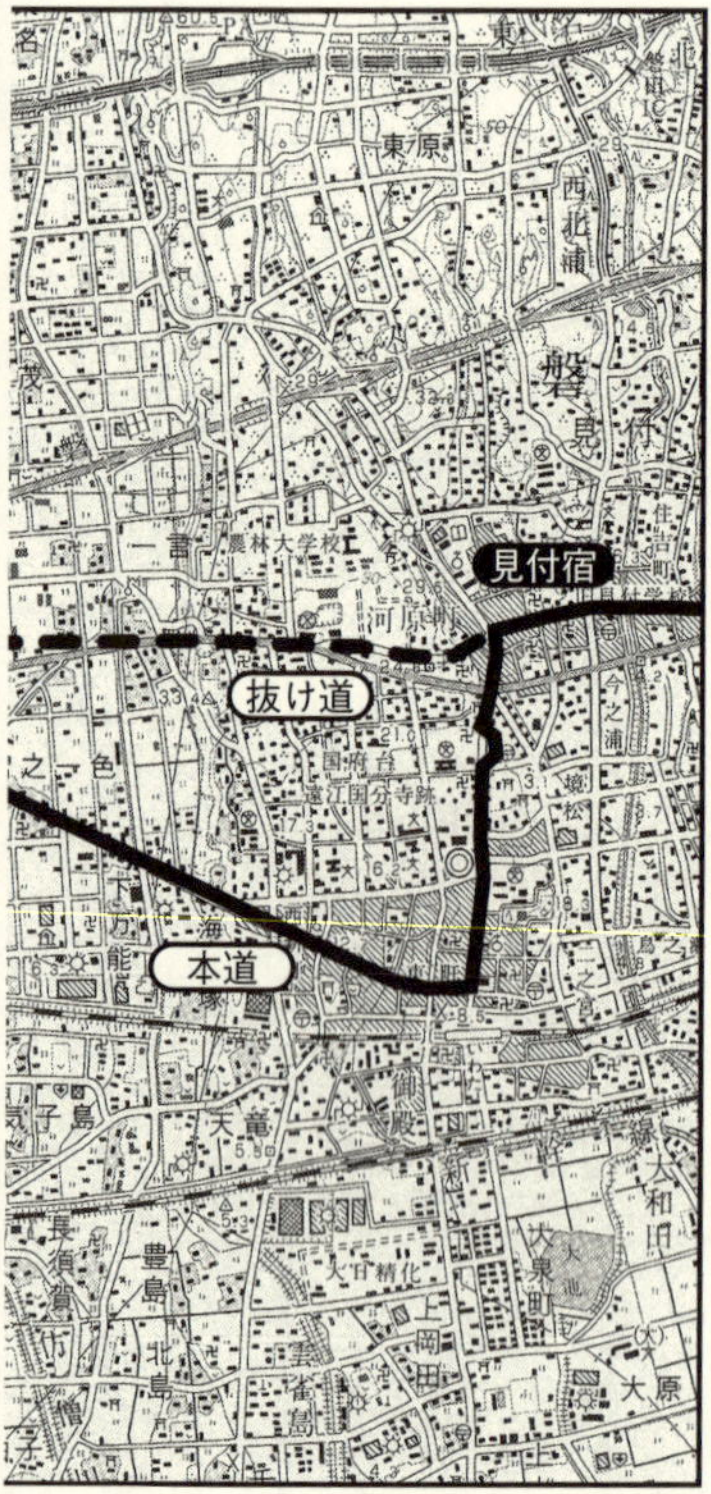

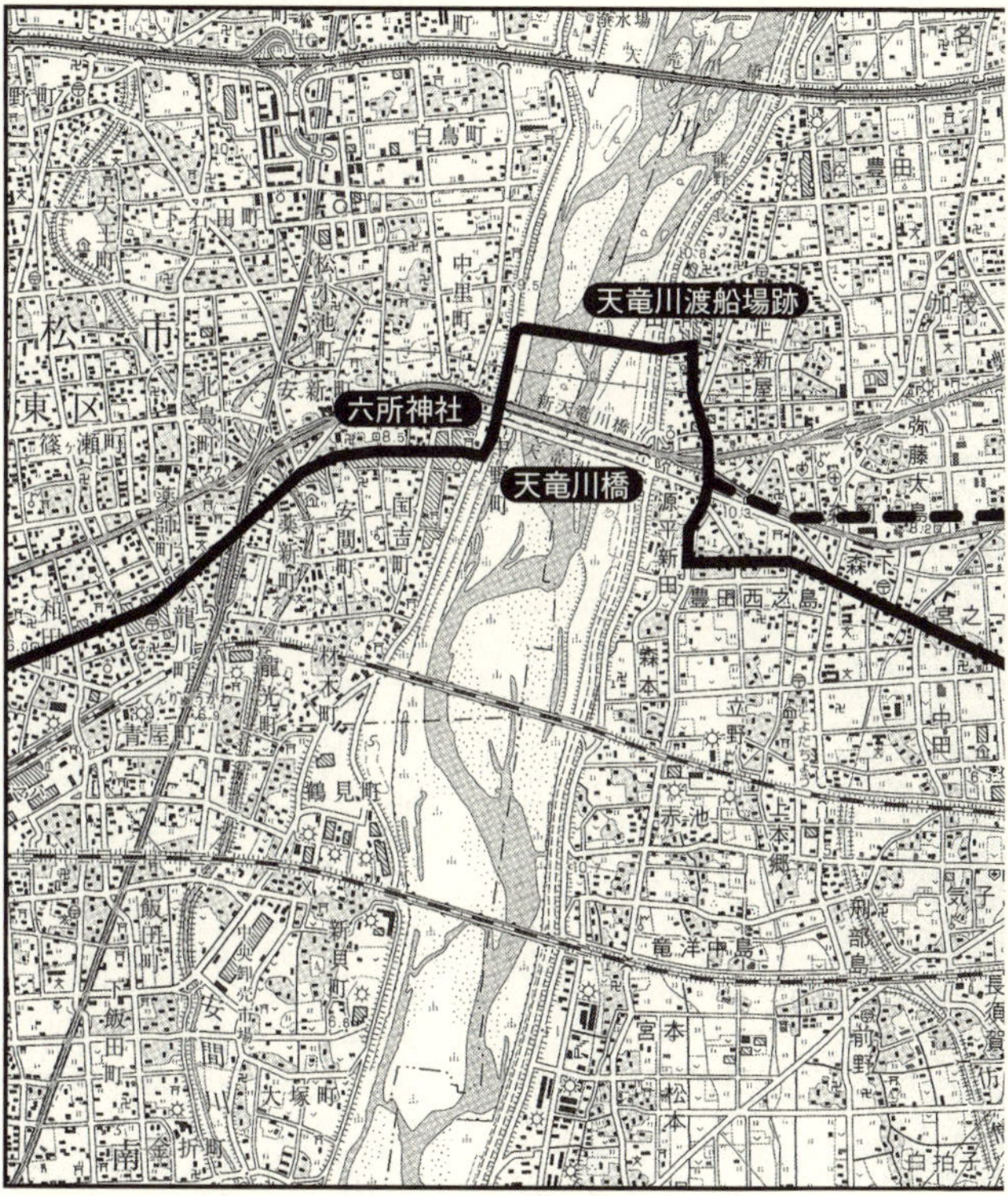

図４—４　天竜川の渡し場と東海道の変遷

距離が延びたのに駄賃が変わらないのでは割に合わないと、宿の輸送関係者が不満を訴えたのである。そこで道中奉行は土地の代官に命じて駄賃を一里増とした。

旅人にとっても問題であった。見付宿から天竜の渡しまでは、いわば四角形の三辺を歩くことになり、できれば直結的な池田近道を利用したい。しかし本道の途中には五ヵ所も立場《たてば》（休憩所）があり、茶屋は客が近道をして逃げられるのは困る。そこで幕府は駄賃値上げの認可をする際に、近道に旅人の往来を禁止する制札を立てた。しかしその程度では効き目は薄く、案内地図の『東海道分間絵図』にも「池田近道　馬不通徒歩のみ」と書かれているほどであった。

十辺舎一九《じっぺんしゃいっく》の『東海道中膝栗毛《ひざくりげ》』では、見付宿で喜多八《きたはち》は帰り馬で安くするといわれて馬に乗って正規の道を行き、弥次郎兵衛《やじろべえ》は近道を足で歩いた。馬の喜多八が、天竜の渡し場に着いたら、すでに弥次郎兵衛は待っていた。文中に「一里ばかしもちかくおざる」と馬子が述べるところがある。『東海道中膝栗毛』はフィクションであり、史料的には軽視されているが、こうした道筋などは実情をよく表しているのではないか。このような既得権益のせめぎ合いは、各所に起こっていたのであろう。

文化交流に益した参勤交代

もう一つ近世の道の働きで忘れてはならないものがある。参勤交代である。参勤交代とは、全国二五〇以上の大名家が二年ごとに江戸に参勤し、一年経ったら国元に引き揚げる交代を行う制度である。大名の家族は江戸在住を義務付けられた。その旅行は大名行列と呼ばれ、各藩の威信をかけたものであり、同時に大きな費用を必要としたので、大名の軍事力を弱体化させ、反乱能力を減退させるものでもあり、結果として長い平和の期間が保たれた。

しかし、こうした政治的統御の面だけでなく、文化の伝播にも大きな役割を持っていた。参勤交代のために街道の整備が進み、行列の道中における消費支出も増大した。江戸と国元の定期的な交流は、文化の流動を活発化させ、また江戸における各藩の交流によって、全国的な文化の伝播をも促進した。先の井上通女の例に見るように、全国のどこの地域でも、非常に高い文化と教養が維持発展できたのも、参勤交代を軸とする文化・経済の交流がもたらした成果といえるかもしれない。ちなみに参勤とは国元から江戸へ赴く旅、交代または就《しゅう》封《ほう》とは国元に帰還する旅をいう。

参勤交代の具体的な一例として、加賀《かが》百万石の前田家の例を見てみよう。加賀藩の居城のある金沢から江戸までは『北国街道絵図』によれば一一二五里三四町二六間（四八四・七キロ）

あり、東海道の江戸・京都間とほぼ等しい。江戸時代の東海道の旅は、一般に一二〜一三日を要した。一日でほぼ四〇キロを歩く勘定になる。これに対して加賀藩の参勤交代では、おおむね一二泊一三日で、これは一般の旅行とあまり変わらないようだ。参勤交代とはいわゆる大名行列を組むものであり、その人数は禄高《ろくだか》によってかなり大きく変わり、加賀百万石の場合で二五〇〇人から三〇〇〇人、多いときには四〇〇〇人に達したこともあったという。これだけの大人数を一般の旅行者並みの速度で歩ませ、さらに宿場や繁華なところでは供揃《ぞろ》えをして大名行列のショーを見せるのであるから、その責任者の道中奉行の苦労は並大抵ではなかったろう。なお、道中奉行という名称には二種類ある。第一は幕府の役職の一つで、幕府直轄の五街道を管理する役職である。第二は、個々の大名行列などでの総指揮官をいう。それぞれの大名が、その時々に任命する。

一日一〇〇キロ超の猛スピードもあった参勤の旅

私が『加賀藩史料』で実際に調べた事例には、やや異例の事態もある。寛永《かんえい》二十年（一六四三）十月、前田家四代目藩主光高《みつたか》は参勤のため江戸に向かった。光高の母親つまり三代目藩主利常《としつね》の正室珠《たま》姫は徳川二代将軍秀忠《ひでただ》の次女で、光高の正室大《おお》姫もまた水戸徳川家から三代将軍家光《いえみつ》の養女となった間柄である。実は大姫は家光自身の子であったが、事情があって水戸家の子としたという話もあり、前田家は徳川将軍家とは密接な血縁関係でつながれている。その大姫が江戸で産気づいたとの早飛脚があり、光高はそれを聞くやただちに金沢を出立した。多分準備はおさおさ怠らなかったのであろう。

一行は昼夜の別なく駆けに駆け、五日目にはもう江戸本郷《ほんごう》の加賀下屋敷に着くという猛スピードであった。特に四日目の宿であった上野国の坂本宿を未明に発《た》ち、三二里（約一二六キロ）を一気に駆け抜け、江戸へは昼の九《ここの》つ半時というから午後一時には到着した。光高はその日すぐ江戸城に登り、将軍家光も大いに喜んだ。実際の出産はおよそ半月後であったというから、少し大げさな騒ぎにも思えるが、大藩の前田家といえども、将軍家との関係はお家の存廃にかかわる大事であった。これも参勤の一つに数えられている。

名君の下に名橋あり

この加賀藩の四代目藩主光高はまもなく若死にし、この大駆けに駆けたときに生まれた子がわずか三歳で藩主になった。第五代藩主の綱紀《つなのり》である。そのとき第三代藩主だった前田利常が存命で、幼年の五代藩主の後見役となった。後見役となった利常もしばしば江戸へ参府

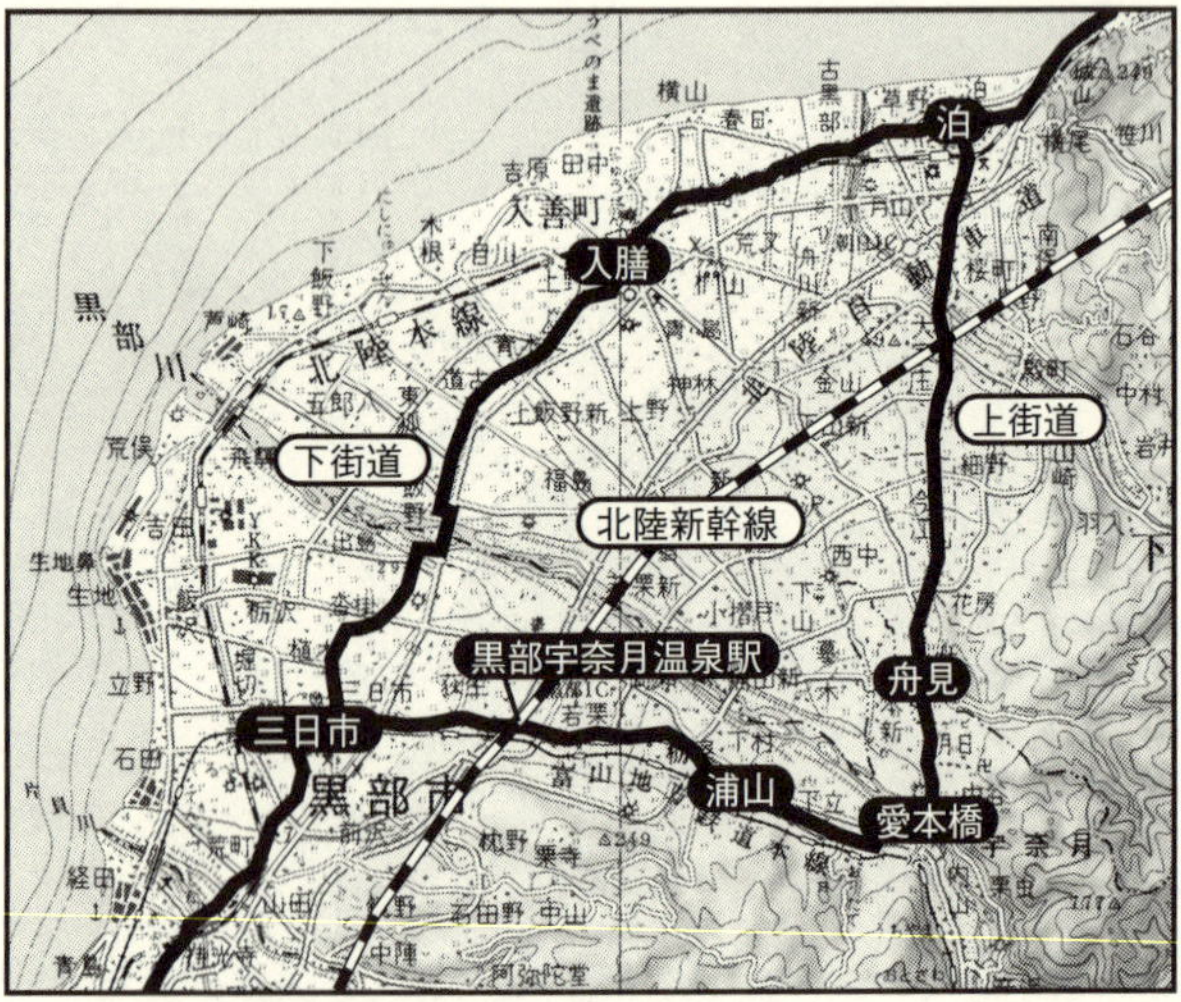

図4—5　愛本橋の位置と参勤交代路

したが、これも参勤交代と呼ばれた。事実、五代の綱紀の幼少時は、江戸屋敷にとどまっていた。やがて後見役の三代利常も亡くなり、寛文《かんぶん》元年（一六六一）七月、五代綱紀がはじめてお国入りしたときのことである。親不知《おやしらず》の難関を越えて富山藩の領内に入った。富山藩は加賀藩の支藩で、気分としては領内に入った感がある。しかし参勤路は決して容易ではなかった。

　ここは黒部川《くろべがわ》の氾濫《はんらん》域で、「黒部四十八ヶ瀬」と呼ばれるほど幾条の派川《はせん》に分かれ、かつそれぞれ急流があって旅人が難儀し、溺《おぼ》れ死ぬ者もあったという。ともかくそのときは何とか越えて、無事金

図4—6　愛本橋の古写真（写真・黒部市歴史民俗資料館）

沢に着いたが、到着後、綱紀は会議を開き、山沿いに新道を開き、橋を渡して諸人の往来を容易にしようと諮った。三角ルートである（図4—5）。ところが、家臣たちは要害の地を渡りやすくすることは、国の安全から考えて問題だと反対した。しかし綱紀ひとり、「国の安危は政治の得失にあり。山河の険阻によるべきにあらず」と主張して断行した。そのとき綱紀は数え十九歳であった。こうして黒部川（現黒部市）に架けられたのが、甲斐の猿橋《さるはし》と同じ形式の刎《はね》橋《ばし》で、橋長およそ三三間（約六〇メートル）、幅は一〇尺（三メートル）であった。愛本《あいもと》橋《ばし》と名づけられた。刎橋とは深い峡谷などで中間に橋脚を立てることが非常に難しい場合に採用される板橋の一種で、両側の岩盤に刎木《はねぎ》と呼ばれる梁《はり》材を斜めに建て込み、それを何段か重ねた後、中間に桁《けた》を置いて全体を仕上げる。現在は近代的な形式の橋に取り換えられているが、近くの歴史民俗資料館には旧愛本橋の展示室に二分の一模型があり、その歴史や構造がよく分かる。北陸新幹線の黒部宇奈月《うなづき》温泉駅に近い。平成二十七年（二〇一五）三月の同線開通を機に、地元では旧愛本橋復元の動きもあるという。ぜひ実現したいものだ。旧愛本橋の近くには頼三樹三郎《らいみきさぶろう》の同橋を称えた詩碑もあり、観光名所となるだろう。

この愛本橋、甲斐の猿橋とともに天下の三奇橋と呼ばれたのが現在の山口県岩国《いわくに》市の錦帯《きんたい》橋《きょう》である。岩国藩の三代藩主吉川広嘉《きっかわひろよし》によって架けられた。広嘉は横山《よこやま》という城山に藩邸を構えていたが、城下町は目の前の錦川《にしきがわ》を挟んだ対岸にあった。急流のため、これまで何度も橋を架けたがすぐ壊れた。嵐のときはしばしば氾濫し、渡船もままならなかった。広嘉はいつもそれを気にかけていたが、ある日、かき餅《もち》を焼いていたところ、それが弓なりに反《そ》ったのを見て、橋の形のヒントを得た。さっそく家来を呼び出して、橋の設計に取り掛かった。

やがて延宝《えんぽう》元年（一六七三）六月八日卯《う》の上刻（午前六時）、基礎の鍬入《くわい》れが始まった。石で積み上げた橋脚を東西の堤防に沿ってまず二個、中間に四個、全部で六個を造り、木造の

図４—７　現在の錦帯橋（写真・岩国市観光振興課）

五橋をその上に架けた。アーチ型をしているが、構造的には愛本橋や猿橋と同じ片持ち梁で、五橋それぞれの両端からせり出して造られている。

広嘉は近くに家を構え、毎日工事の監督を自ら行い、扇子を開いて橋の湾曲の形を定めたという。その年の十月に竣工《しゅんこう》し、家内睦《むつ》まじいことで評判の農家清兵衛の一家一二人による渡り初めが行われた。翌年、洪水に見舞われ、石の橋脚が壊れ、木橋も落ちたので、家来に石垣の建築法を研究させて再建した。全体の形は、今日までよく原形を保っている。この橋は藩主広嘉の独創のように伝えられているが、明《みん》から渡来した禅僧の独立性《どくりゅうしょう》易《えき》から資料を得たともいわれている。

愛本橋と錦帯橋、いずれも英明な領主の強い意志によって造られたのを見ると、橋もまた偉大な建造物であることがよく分かる。

三　近世の道路構造

街道の建設基準

これまで話が道路の使われ方に終始したが、では近世の道路構造はどんなものだったのだろうか。近世ももちろん全国に街道網は張り巡らされていた。そのなかでももっとも主要で、かつ内容も比較的よく分かっているのが、五街道である。五街道には『大概帳《たいがいちょう》』などの調査資料はあるが、建設基準のようなものは明確には存在しない。したがって基準は実態から推理することになる。まず布令として次の文章が挙げられる。

当月中（慶長九年〔一六〇四〕八月）、関東は右大将秀忠公に従《よ》り、諸国道路を作るべきの由使相上《しそうのうえ》、広さ五間也、一里塚五間四方也。関東・奥州迄《まで》右の通り也。木曽路同じく此の如し。

（『当代記』）

他の資料にも多く道幅五間とあるが、これが路側両側の並木敷を含むかどうかには、実行上の疑問があり、江戸中期の寛政元年（一七八九）には道幅二間以上あればよい（ただし並木敷は両側各九尺以上）との文書回答を出している。

いっぽう、五街道の実態には詳細な記録がある。その双璧《そうへき》は『宿村大概帳《しゅくそんたいがいちょう》』と『分間延絵図《ぶんけんのべえず》』である。これらは五街道のそれぞれにあり、たとえば『東海道宿村大概帳』あるいは『東海道分間延絵図』と名づけられている。幕末に近い時代の所産であるが、片や文字資料、片や絵画資料として、五街道の実態を詳しく伝えている。特に『大概帳』のほうは、道路構造については通過地のすべての宿村ごとに、延長と幅、並木の状況などが、橋については個別に種類（板橋、土橋、石橋の別）とその規模（延長、幅、橋脚の組数、高欄の有無など）が記され、いわば現代の道路台帳に匹敵する。ただし、宿場ごとの調査資料を集積しただけなので若干の不備もある。私の調査では、東海道大概帳には宿場の境界に属する橋梁の二重記載が二ヵ所ある。また、『大概帳』と『延絵図』の両者を比較しても、ほぼ同時代に作成されたにもかかわらず、相互の食い違いが散見される。

そのような若干の瑕疵《かし》はともかくとして、『大概帳』によれば道幅はおおむね三〜四間

（五・四〜七・二メートル）が標準で、江戸に近いところでは五間（九メートル）が多い。また駿府城《すんぷじょう》や浜松城の近辺では六〜八間（一〇・八〜一四・四メートル）幅も見られ、逆に箱根峠、宇津谷峠、鈴鹿峠など急峻《きゅうしゅん》な山間部では、二間（三・六メートル）幅である。現在でも道路構造令により、都市部と地方部、地形や交通量などによって、道幅が区分して適用されているのに似ている。

また坂道の勾配《こうばい》については、神奈川県内の地形図による実態調査では、箱根の山道を除いては、最大部分でも一〇〜一三パーセント程度であるが、箱根では最大値で三〇〜三五パーセントであり、かなりきつい勾配となっている。

路面構造と歩車分離構造の試み

ローマの道以来、西欧では馬車が通ることが基本であったが、わが国では騎馬を基準とした時代は遠く去り、近世ではもっぱら徒歩を基準とする構造であった。

それでもそれに応じた補修を指示している。三代将軍家光の時代、慶安《けいあん》元年（一六四八）二月に、江戸市街の道路築方並《きずきかたならびに》下水浚方《さらえかた》に布令を出している。現代文に直すとこうなる。

図4—8　安藤広重『東海道五十三次』より「大津　走井茶屋」

一、道路の悪いところには、浅草砂に海砂を混ぜて敷き、高低のないように中高に築くようにすること、ごみや泥を使用してはならない。

一、下水や道路の溝が滞らないように浚《さら》い、ここに塵《ちり》あくたを入れてはならない。

このほか、交通の頻繁な街道、特に運送が盛んであった伏見《ふしみ》・京都間や大津・京都間の街道では、早くから車道《くるまみち》と人馬道とをはっきり区別し、歩車分離の考え方を実現した。その構造は、道幅の半分を人馬道として上・下敷きの切り込み砂利を入れ、道幅の残り半分を車道として二条の輪道とその中央の牛道に三分し、輪道には花崗岩《かこうがん》の厚板の車石を敷き並べ、牛道には石と砂利を敷きなら

図4—9　石畳が残る箱根の旧街道（写真・箱根町）

したものである。改修工事で掘り起こされた車石が、現在、大津市の琵琶湖《びわこ》文化研究所前などに置かれている。安藤広重《あんどうひろしげ》の錦絵『東海道五十三次』の大津宿の絵に、車道そのものは描かれていないが、荷運びの牛が描かれているのは、街道の荷運びの隆盛ぶりが広重の印象に残ったからだろう。

なお幕末近くのことだが、文久《ぶんきゅう》三年（一八六三）二月、十四代将軍徳川家茂《いえもち》の上洛の際、箱根の山道を改修し丸石で舗装したと記録されている。この石道は今もよく保存され、往時の面影を伝えている。

幕末期の初代イギリス駐日公使オールコックは、日本の道を礼賛して、こう記している。

国内を走る大君《タイクーン》の道である東海道という公

道は、ヨーロッパのもっともりっぱな道と比較することもできよう。日本の道は幅が広く平坦《へいたん》で、よく整備され、十分に砕石を敷きかため、両側の堂々たる樹木は焼けつくような日射《ひざ》しから日陰を与えており、その価値をどんなに評価しても評価しすぎることはほとんどない。

（山口光朔訳『大君の都』岩波文庫）

街道の維持管理を担う掃除丁場

それでは、日常の管理の組織はどうなっていたのか。これも基準は明らかではないが、神奈川県下の東海道の調査によると、総括する道中奉行は、街道の維持管理の執行を沿道の宿村に割り当てた。原則的には宿および街道の通過する村々は必ず維持管理の執行責任を負うが、それで足りないときは沿道に直接接しない周辺の村々にも割り当てが及んだ。この割り当てられたそれぞれの区間を掃除丁場《ちょうば》という。村々から担当掃除丁場までの距離は一里未満がおよそ半数を占めるが、最遠は五里で、五里以上離れた村への割り当ては見られない。このような沿道以外の村々への割り当ては、荷役の諸種の負担を課す助郷制度にも見られ、割り当てられた村はほぼ重複しているようである。ただこれら周辺村への負担は交通量の多い相模川以東に限られ、以西地区は沿道地区村のみの負担で、さらに箱根の山中では形式上は沿道村の負担としながらも、実質的には小田原藩主の負担とされたように、かなり実情に沿った配慮がされているようである。

橋梁架設の難易を考慮した建設区分

橋の総数は、『東海道宿村大概帳』における私の集計では江戸・京都間で一〇九六橋に達する。ただし、起点の日本橋《にほんばし》から最初の宿場である品川《しながわ》までの間と京都の一部については、橋梁に限らず、すべてのデータ（区間延長を除く）が集計に入っていない。これは、この両者の区間が道中奉行の管轄ではないことによる。日本橋・三条大橋間の総距離は一二六里六町一間（四九五・五キロ）であるから、およそ一キロに二基の橋がある勘定となる。

橋の建設には、御普請（幕府による直轄施工）、領主普請（当該地域の領主による施工）、自普請（地元宿村による施工）の三種類があった。現代でいえば国の直轄施行、都道府県による施行、地元市町村による施行と三区分あるのに等しい。ただ、それがどのような基準で分別されるのか、全般的傾向としては、規模が小さいものや容易なものは自普請、その他のものは領主普請で、特に技術的に難しいものや、多額の費用のかかるものは御普請という区分けであるようだが、その具体的な基準は明らかでない。私は『東海道宿村大概帳』に記載されている全橋梁について、橋梁種別やその長さと施行三区分の関係を統計的に調べてみたが、残念ながら明確な結果は得られなかった。しかし、現地の実情に合わせて施行主体を分けるなど、なかなかよく考えられた制度である。

図４—10　井川刎橋（『諸国名橋』より）

橋梁架設と代官

　難しい橋梁架設が御普請となった例は幕府直轄の五街道だけには限らない。駿河国と遠江《とおとうみ》国（いずれも現静岡県の一部）の境を流れている大井川のはるか上流に井川《いかわ》村（現静岡市葵《あおい》区井川）があった。東海道の大井川の渡しがいわゆる歩行《かち》渡しで橋が架けられなかったのは有名だが、この井川村の大井川には井川刎橋と呼ばれる巨大な橋があった。

　刎橋でもっとも有名なのは甲斐の猿橋であろう。今も昔の形式を模した橋が架けられている。その橋長は一七間（三〇・八メートル）であった。これに対して井川刎橋の全長は五五間（一〇〇メートル）と格段に長い。猿橋以外で著名なものに先述の北国街道に架けられた愛本橋（およそ三三間＝約六〇メートル）があるが、それでも井川橋の六割ほどの長さにすぎない。橋梁はスパン（支間）の長さの二乗に比例して架設の困難さが増すものであるから、この辺鄙《へんぴ》な奥地にこのような大掛かりの橋が、家康の時代から明治まで生き続けていたことは、橋梁専門家の間でもにわかに信じがたい話である。そこで私は、地元の研究者の調査を基礎に、橋梁史家の松村博《まつむらひろし》と共同で、残された資料から構造を復元して安全性を確かめ、その実在性を検証したことがある。『諸国名橋』（国立公文書館蔵）という江戸期の肉筆画集にも載せられているので、当時から広く知られていたようだ。

もともとこの橋は、徳川家康が駿府に隠棲していたときに、井川で産する茶葉を好んだことから、その輸送のために架けられたものである。実際の施工は地元村民の手によるものだが、その資金は幕府が負担していた。先に見た御普請にあたろう。木橋の場合は腐食があるので一定の年限で架け替えねばならない。井川刎橋は一三年ごとに架け替える定めであった。この橋は、家康が薨《こう》じて幕府御用の役割が直接にはなくなった後でも、明治に至るまで何度も幕府から資金が出て架け替え工事が継続された。貞享《じょうきょう》三年（一六八六）の架け替えの際に、井川村を差配する中泉《なかいずみ》代官の近山六左衛門《ちかやまろくざえもん》の手代の手紙に次のような事実が記されている。それは、「前年から御公儀では本街道以外の橋の普請には扶持米《ふちまい》は下されず、百姓が自力で行う方針になったところを、代官（近山）様が江戸まで橋の模型を持って説明に行き、御頭（勘定奉行）に掛け合って願い（公儀普請の継続）がかなったので、この事実を井川七ヶ村の名主や百姓によく伝えて有難《ありがた》く思うように」というものである。こうした幕府下僚の実直で献身的な活動なしには徳川二六五年の支配は続かなかったであろう。

一里塚の数と距離計測の違い

先に東海道の総距離は一二六里六町一間と書いた。しかし一里塚は『大概帳』での記載によっても、あるいはその他の絵図などの資料でも、一二〇個（正確には三条大橋と熱田《あつた》・桑名《くわな》間の海上七里の中間の六ヵ所にはないから一一三個）しかない勘定になる。このことはあまり知られていない。実は、江戸時代の初期とその後では距離計測の基準が違うのである。先に三条大橋について述べたときに、一間は六尺五寸と記した。その後、江戸期になって一間が六尺になった。つまり徳川幕府が成立して東海道を整備し、一里塚を築いたころはまだ一間が六尺五寸の時代であった、と考えられる。なお、豊臣秀吉の時代における検地では、六尺

図4―11　箱根・畑宿の一里塚（写真・箱根町）

三寸を一歩（間）とした、といわれる。しかし、新井《あらい》白石《はくせき》の遺稿には太閤《たいこう》検地の場合も六尺五寸を一歩であるとしており、真偽のほどは定かではない。したがって、ここでは江戸初期の一間は六尺五寸として話を進める。

　ともあれ江戸前期の天和元年（一六八一）に作られた『東海道絵図』という図面には、それぞれの一里塚の場所に「江戸より十二里、京より百八里」というように、合計すると必ず一二〇里になるような記載がしてある。仮に、もともと江戸・京間の距離が当時の尺度で一二〇里であったとして、これを江戸後期の尺度で計算したら、一三〇里（一二〇里×六・五÷六＝一三〇里）となるはずである。明治期の実測値も記録されており、それによれば一二九里二四町余となっていて、ほぼ等しい。もちろん、その間にいくつかの区間でルートの変更があり大局的な計算であるが、大筋は間違いない。

つまり、江戸期東海道の距離にはいろいろな計測値があり、おおむね一三〇里に近いが、江戸期の当初に設置された一里塚は、一間が六尺五寸という中世以来の古い基準を用いたので、全体で一二〇個しかないのである。

なお、天竜川の西側の浜松市東区安間町《あんまちょう》には安間一里塚跡がある。現地には単に「一里塚跡」と記された粗末な標柱が立っているだけであるが、江戸と京都のちょうど中間にある一里塚であった。『大概帳』には、この一里塚は「安間村安間新田入会《あんましんでんいりあい》」、つまり二つの村の共有地に所在し、この地の位置は江戸より「六十三里一町四十五間」と記されていて、江戸・京都間一二六里六町一間のほぼ半ばであることが分かる。『東海道絵図』でも、「江戸より六十里、京より六十里」と正しく記され、ここが東海道の中間地点であることは明らかである。秋里籬島《あきさとりとう》の『東海道名所図会《ずえ》』（寛政九年〔一七九七〕）にも、「京江戸行程《みちのり》同里」とし、次の狂歌を載せている。

大鵬《たいほう》の鳥なら馬や竹輿《かご》いらず両の翼に六十里づつ（斑竹）

このほか、『東海道中膝栗毛』にも、「(天竜の) 舟よりあがりて建場《たてば》の町に至る。此所は江戸へも六十里、京都へも六十里にて、ふりわけの所ならば、中の町といへる由」とあり、江戸・京都間一二〇里の観念は、かなり長く東海道の旅人には浸透していたようだ。むしろ江戸末期に調査した『大概帳』における計測値などは、江戸期の旅人は誰も知らなかったのだろう。

街道並木の伝統と日光街道

街道の並木は、街道の歴史とは切り離せない。第二章で、古代七道駅路でも中国に倣って街道並木を設けよという請願の出たことや、その指示が『延喜式』にも載せられていることを記した。また、第三章で述べたように、中世では、仁治元年(一二四〇)、時の執権北条泰時が、鎌倉幕府の設けた東海道の三河国本野原(現豊川市)に柳を植えさせた。二年後の仁治三年の旅行記『東関紀行』に、その柳が「未だ陰と頼むまではなけれども、かつがつ先《ま》づ道の標《しるべ》と為れるも憐《あわれ》なり」と書かれている。また戦国時代には、有力武将が領国内の街道に樹木を植えた。織田信長は天正二年(一五七四)、尾張国中の道と橋を修理するとともに、道路脇に松や柳を植えるよう命じた。

このように、日本の街道の並木には連綿たる伝統と実績があり、五街道でもいくつかの例が見られる。東海道の神奈川県下における『宿村大概帳』の記載を統計的に調査したところ、左右片側だけの場合や両側に揃っている場合などそれぞれであるが、全体としては四三・五パーセント、つまり半分近くは並木が存在したようだ。また樹種は植えられている場所の標高によって違い、平地では松が大部分を占め、続いて杉、竹、落葉樹などが見られるが、標高が高くなるにつれ、杉と竹が主力を占めるようになる。これら並木の管理は沿道の宿村には任されず、その土地の管理区分に従って幕府直轄地ならば代官が、私領においては大名が責任を負った。

問題は並木の設置目的であるが、古代の駅路において普照の奏状（第二章参照）にもあったように、そこを通行する人びとに緑陰と安息を与えるためだった。戦国武将の路傍植栽の意図は必ずしも明確ではないが、いずれにせよ道を使う者のためであった。しかし江戸期五街道ではいささか異なっていた。当初の設置目的を明示した資料は見当たらないが、街道設置からおよそ一六〇年を経た江戸中期の宝暦《ほうれき》十二年（一七六二）の布達「東海道筋並木之儀」では、周囲の田畑と並木との間に定杭《じょうぐい》を立てるように指示が出されており、並木が街道の幅を確保する手段となっていることをうかがわせる。ほかにも同様な布達があり、時代を経るごとに並木敷が周囲の田畑からの浸食を防止するのに有効な手段となり、通行者の便宜のためという当初の設置目的は等閑視される運命にあったようだ。

図4―12　日光の杉並木（写真・一般社団法人日光市観光協会）

　こうした目的の変化とは別に、はじめから別の目的で並木を整備した例がある。それが日光街道の杉並木である。この杉並木は、徳川家康の側近であった松《まつ》平正綱《だいらまさつな》が主君家康の菩提《ぼだい》を弔うために自費で二十余年の歳月をかけて植え続けたものである。

　正綱の植えた杉並木は、神橋《しんきょう》から今市《いまいち》の先の大沢《おおさわ》までの日光街道と、今市から分かれる日光例幣使《れいへいし》街道と会津《あいづ》街道のそれぞれ東照宮《とうしょうぐう》領域まで、道路の両側に十数里にわたって列植したものである。いわば街道を日光東照宮の参道と見なしたものといえよう。

事業が成った慶安元年（一六四八）四月十七日の日付をもって、正綱の名で並木の起終点四ヵ所に寄進碑が建てられた。この日付は家康の命日である。正綱はこの年六月に死んだ。碑の建立は子の正信《まさのぶ》による。その後、この並木は日光奉行が管理することとなって保護に努め、枯損の場合は必ず補植の措置が取られた。昭和三十一年（一九五六）になって、特別天然記念物に指定され、今も亭々とした老樹木が繁茂している。

ついでながら、東海道はじめ、当時の街道の状態をそのまま残している場所は数少ない。その点、杉並木を持つ街道、特に両側に並木を持つ街道で今に残るものは、当時の状況を視覚的にもよく残し、きわめて貴重な道路遺産である。日光杉並木は、単に植物としての記念物であるだけでなく、それを含む道路全体が貴重な歴史的遺産であることに留意したい。

江戸期の全国の街道とその延長

古代の駅路は範囲や路線も明確で、既述のように私の計算では総計六三〇〇キロであった。江戸期の街道については、五街道は『大概帳』の記載値から集計すると三七九里二七町三一間（一四九三・五キロ）である。近世の場合、五街道以外はすべて脇街道と称された。これら脇街道のうちには五街道とともに全国的なネットワークを形成するものがあるが、そのどれを主要街道とするかについては研究者によって見解が異なり、一定の基準はない。

私の概算では（『道II』）、諸種のデータを総合すると、五街道が前述のように約一五〇〇キロ、全国の幹線街道は、北からいえば、松前道《まつまえみち》、羽州《うしゅう》街道、佐渡《さど》路、北国《ほっこく》路、伊勢路、中国路（山陽道）、長崎路などを含めて合計五〇〇〇キロ、さらに地域的な脇街道を含めて総計一万二〇〇〇～一万五〇〇〇キロというところではないか。

私は、江戸期の幹線街道を、たとえば「宿駅が設けられた街道」というように定義づけ、それぞれの延長を集計することも一策であると考えているが、宿駅を備えた街道の一覧が誰の手によっても作成されていない現状であり、残念ながらその具体的検討までには至っていない。

第五章　近代――鉄道の陰に追いやられた明治の道

一　明治の道を造った二人の日本人

道路は冬の時代

明治は、道路にとっては冬の時代であった。新政府の交通政策は鉄道に傾斜していた。そのこと自体は間違っていなかったかもしれない。西欧では交通において、すでに馬車と鉄道という二段階の革新を遂げていた。

日本はそれまで徒歩交通が主体であり、馬車は全く使われていなかった。したがって道路は馬車交通に堪えるような構造を持っていなかった。江戸期に日本を訪れ、東海道を旅した人びとはみな、日本の道を賞賛した。オランダのカピタンに随行して長崎から江戸への旅行をしたケンペルやシーボルトら学者や医師などは、一様に街道が清潔でよく掃除されていることを賞賛した。たとえば、安永《あんえい》五年（一七七六）にスウェーデンの植物学者で医師のツンベルクは参府旅行記に書いている。

この王国内いずこに於いても道路は非常によく手が入っていて、道幅広く且《かつ》排水のために溝がついている。（略）欧洲の如何なる国に於いても、日本に於ける如く愉快に且つ容易に旅をしうることなきことを断言しうる。尤《もっと》もこの国では欧洲の如く道路を破壊する馬車の用を知らないのだから、それだけ道路の維持が容易である。

（山田珠樹訳『ツンベルグ日本紀行』）

ツンベルクの手記にあるように、それは徒歩交通に堪えることはできても、馬車交通に堪えるものではなかった。維新後、日本にも馬車が輸入され、東京の主要な街路こそ煉瓦《れんが》造りなどで馬車交通に相応したものに改良されたが、地方に延びる幹線道路はきわめて劣悪な状態に置かれたままであった。

図5—1　「日本初の有料道路」記念標（神奈川県小田原市入生田）

明治政府が鉄道優先策を採ったからといって、しかし、道路なしにすべての交通が完結するわけではない。明治政府が最初に採った道路方策は有料道路制であった。明治四年（一八七一）一月に、政府は「治水修治ノ便利ヲ興ス者ニ税金取立ヲ許ス」との太政官布告を発した。これは道路・橋梁などの築造・運営を私人が実施し、その財源として料金をとることを認める制度である。これに基づいて、東海道筋の現小田原市板橋《いたばし》から箱根町湯本山崎《ゆもとやまさき》までの四・一キロが明治八年（一八七五）九月二十五日に、わが国最初の有料道路として開通した。これは箱根湯本の福住《ふくずみ》旅館の館主で、二宮尊徳《にのみやそんとく》の高弟である福住正《まさ》兄《え》が湯治に来た福沢諭吉《ふくざわゆきち》の勧めによって自らの出資と融資で建設したものである。

　また、鉄道の駅からそれぞれの目的地までは必ず道路による輸送や連絡が必要であった。それに鉄道が全国に普及するには時間がかかる。そのため東京から遠い地域では、幹線道路の建設が先達者の主導によって進められるのも必然的な動きであった。ここにその事例として二人の人物を紹介しよう。三島通庸《みしまみちつね》と大久保諶之丞《おおくぼじんのじょう》である。この二人の共通点は、いずれも東京から離れた僻遠《へきえん》の地で幹線道路の修築に心を傾けたことであり、相違点は片や三島が政府の権力者の一人として自らの権力を十二分に発揮して事業を成し遂げたのに対し、片や大久保は単に地方の一議員にすぎなかったが、私財を投じてまで公共のために道路建設を成し遂げたことである。

三島通庸

三島は天保《てんぽう》六年（一八三五）、薩摩《さつま》国鹿児島に藩士の子として生まれた。長じて倒幕急進派の一人として大久保利通《としみち》らと行動をともにした。明治四年（一八七一）に大久保や西郷隆《さいごうたか》盛《もり》の推挙によって東京府に出仕し、銀座《ぎんざ》の煉瓦街建設に一役買った。明治七年（一八七四）に酒田《さかた》県令として赴任し、二年足らずで統一山形県の初代県令となる。時に三島四十二歳であった。酒田は佐幕派の旧庄内《しょうない》藩に属し、戊辰《ぼしん》戦争で降伏した際、政府軍の総帥であった西郷隆盛から寛大な処置を受け、西郷に心酔するものが少なからずいた。そのため、西郷が当時野にあって不穏な動きを示したので、旧庄内藩がそれに同調するのを防ぐために、大久

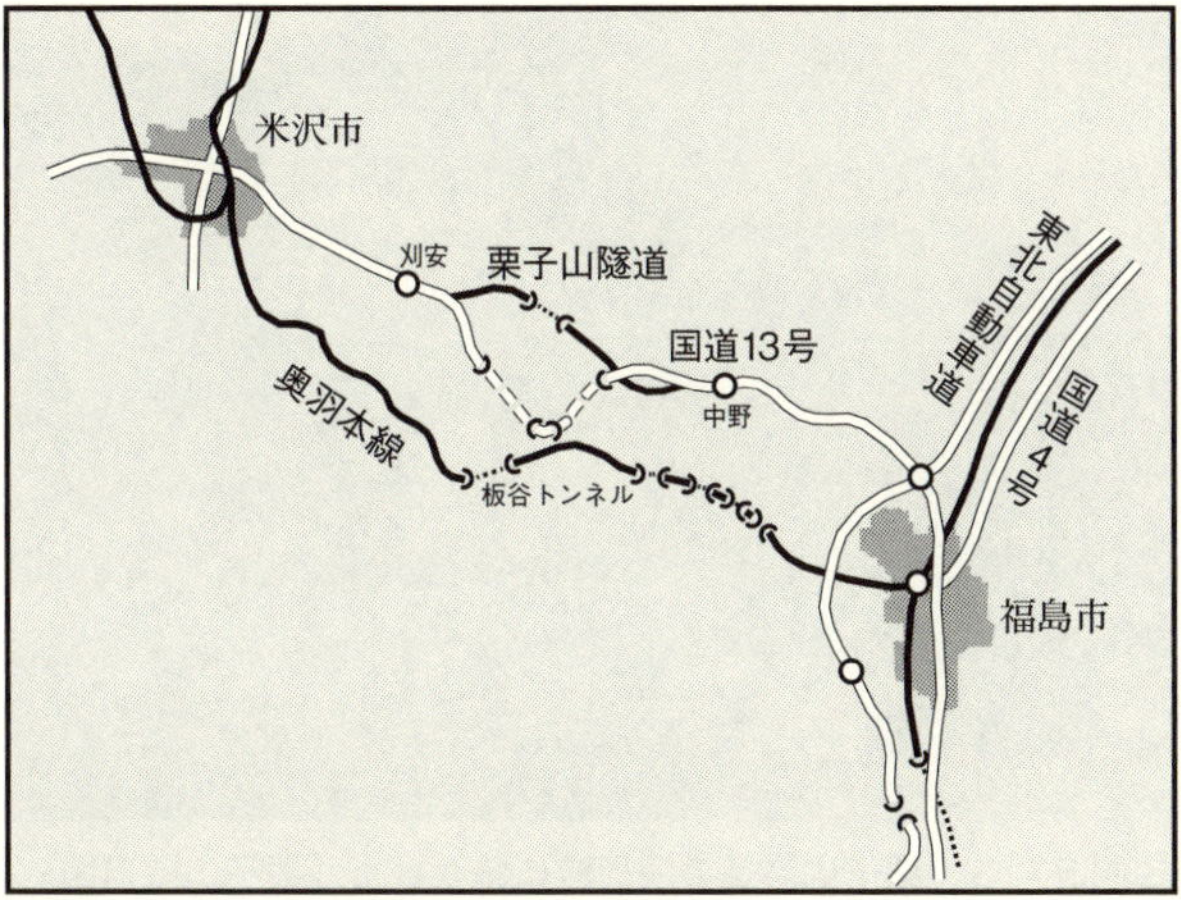

図５—２　万世大路の位置（『道のはなしⅠ』をもとに作成）

保が三島を酒田県令として押さえに回したのであった。

三島が新山形県令となったとき、内務卿の大久保利通に県政の方針を問われ、三島は第一に道路を開き運輸の便をよくすることを挙げた。三島の言い分を聞いた大久保内務卿は、「あまり一時に大事業を行うのはどうか」と疑問を示したが、三島の決意は固く大久保もそれを許した。

三島は新任の明治九年（一八七六）に県内道路計画の告示を出し、合計一四万五〇〇〇円の工事金を地元負担とするように区長（町村長に相当）に協力を要請した。その計画の最初に山形から米沢《よねざわ》を経て東京に至る道路があり、その中心が当時日本最長の栗子山隧道《くりこやまずいどう》

図5―3　栗子山隧道の開通時に描かれた「栗子山隧道図」（高橋由一画）（宮内庁三の丸尚蔵館蔵）

を含む刈安《かりやす》新道であった。地元負担を求めた総額一四万五〇〇〇円のうち、半分近くの九万五〇〇〇円が刈安新道に対するものであった。三島が「土木県令」とあだ名されるのもこのころからである。

栗子山隧道は全長がおよそ八町（約八六四メートル）、明治初期のトンネル工事としては画期的なもので、ほぼ同時期に建設された鉄道の逢坂山《おうさかやま》隧道でも、これより短い六六四・八メートルであった。このトンネル掘削のために三島はアメリカ製のトンネル掘削機を日本ではじめて購入した。ともあれ、この大工事は四年あまりの歳月をかけて完成し、明治十四年（一八八一）十月三日、明治天皇の行幸を迎えて盛大に開通式を挙行した。天

図5―4　現在の栗子山隧道西口（右。左は昭和11年に完成した栗子隧道。山形県米沢市万世町刈安）（写真・米沢市）

皇は後にこの新道に福島県側も含めて「万世大路《ばんせいたいろ》」の名を贈っている。

これ以外にも、三島は県令として、多くの道路をはじめとする土木工事を行い、この地域を近代国家の一部に変革する基礎を築き上げた。万世大路が工事中の明治十一年（一八七八）六月、イギリスの女性旅行家イザベラ・バードが新潟を経て米沢に至り、幅二五フィート（七・五メートル）の立派な道路を見て、「またたく間に新しい世界に出た」と驚いた。それほど三島の事業は鮮やかなものであった。その限りでは、三島の功績は高く評価される。

しかし問題はその手法である。工事の

図5—5　改良工事で残された「三島けやき」（山形県村山市楯岡晦日町）

地元負担、工事人夫の調達、予定路線上の土地収用などに彼は強引な手段を用いた。資金調達にしても、三島が担当した万世大路の山形県側にあたる刈安新道の総工事費は一二万六九〇〇円あまりで、その四分の三が民費負担、残りの四分の一が官費負担であった。しかし万世大路の福島県側である中野《なかの》新道では、民費負担はわずか一七パーセント余で、残りの官費負担のうち国庫からの補助金が一一パーセント余、県税と地方税あわせて七一パーセント余であった。当時は国からの補助金も個別の申請で審査され、一定の基準はなかった。したがって費用負担は、県令の判断によるところが大きかった。三島は大久保内務卿の腹心であったから、国庫からもっと金を引き出すことも容易だったろうが、そのようなことはせず、実施する土木事業が結局は民のためになるとして、その費用の地元負担は当然と考えたのであろうが、あまりに権力的な手法は歴史的にも疑問を残すものとなった。

三島の強引な道路計画の痕跡が今も残されている。山形県村山《むらやま》市の楯岡《たておか》付近の県道二九号尾花沢関山線《おばなざわせきやま》（旧羽州街道）にある、「三島けやき」である。明治十一年（一八七八）、三島が切り通し開削工事として直線道路を無理に通して岩山を切り取ったため、岩の一部に張り付いたように残されたのがその一本のケヤキである。三島の所業に反抗したような姿をしている。

大久保諶之丞

同じ明治の道路先覚者でも、大久保諶之丞は三島と対照的な人物である。三島が自ら善と信じたことは、自分に与えられた権力を十二分に使って遂行したのに対して、大久保はその信ずるところを広く訴えるとともに、自費を投じてまで率先して遂行した。

大久保は嘉永《かえい》二年（一八四九）に四国は讃岐国財田上ノ村《さいたかみ》（現香川県三豊《みとよ》市財田町《さいたちょう》）の地主

図5―6　大久保諶之丞の銅像（香川県琴平町）

の家に生まれた。家督を継ぐとともに村役場の吏員となり、明治七年（一八七四）ころより私財を投じて村内の道路改修に力を注ぎ、延べ一五・六キロの改修を成し遂げた。彼は土木技術や測量技術も身につけた。

　諶之丞はさらに明治十七年（一八八四）、四国新道の計画を立てた。その道路の一部は現在もほぼそのまま生きていて、諶之丞の銅像の建つ琴平《ことひら》公園の高台から、一直線の道路が遠望できる。旧多度津《たどつ》街道（国道三一九号）から琴平町《ことひらちょう》の中心街である県道二〇八号大麻《おおさ》琴平買田《かいた》線につながっている道である。大久保の計画書によれば、その最初の部分である讃岐新道では、「道幅四間、両側並木敷一間、湿抜《しみぬき》溝幅五尺、深三尺、平均勾配一間ニ付二寸四厘」としており、これは明治十八年（一八八五）の太政官布達の「国道ハ道幅七間トシ其内四間以上ヲ以《も》ッテ道敷トナシ」云々の基準にほぼ合致し、馬車通行を予想したものとなっている。

彼の構想を骨子として、当時の四国三県（讃岐は愛媛県に含まれる）の合意によって、丸亀・高知・松山を結ぶ四国新道（大筋で現国道三二号・三三号のルート）が明治二十七年（一八九四）に完成した。徳島県の大歩危《おおぼけ》小歩危《こぼけ》の難所にはじめて道路が通ったのも、この四国新道によってである。

建設費の三分の一は国費、その他は県費や寄付金で調達したが、讃岐新道では資金不足のため諶之丞が私財六五〇〇円を補ったという。しかし諶之丞自身は四国新道全線の完成を見ることなく、明治二十四年（一八九一）に他界した。

大久保諶之丞の名が広く知られるようになったのは、本州四国連絡橋の一つである瀬戸《せと》大橋（瀬戸中央自動車道）が建設されてからである。諶之丞は明治二十一年（一八八八）に愛媛県議（翌年より県の管轄範囲の変更により香川県議）となり、翌明治二十二年（一八八九）五月二十三日の讃岐鉄道の開通式で、「塩飽《しわく》諸島ヲ橋台トナシ（略）架橋連絡セシメナバ、常ニ風波ノ憂ナク（略）南来北行、東奔西走瞬時ヲ費サズ、ソノ国利民福コレヨリ大ナルハナシ」と喝破した。諶之丞は、今日の瀬戸大橋の構想をほぼ一〇〇年前に謳《うた》い上げた経世家だったのだ。

しかもその構想は、決して夢想から出たものではなかった。諶之丞の故郷である讃岐には

図5—7　ブルックリン橋の絵馬（写真・金刀比羅宮）

金刀比羅《ことひら》宮がある。そこに奉納された絵馬のなかに、ニューヨークのブルックリン橋の石版画がある。木枠の上部に「奉納」と横書きされ、右に「明治二十二年三月吉日」、左に「贈呈常太郎外門人」とわずかに読める。これは日本の旅芸人杉本常太郎の一行が明治十九年（一八八六）夏に出帆、アメリカ各地で興行を終え、無事帰国したとき、安全航海の御礼として奉納したものである。金刀比羅宮は海の神として航海安全にご利益があるとされる。ブルックリン橋はニューヨークのイースト・リバーに架かり、長さ一八二五メートル、中央スパン四八六メートルで、ニューヨークとブルックリンを結ぶ最初の本格的な吊《つ》り橋として一八八三年に開通した。旅芸人の一行がニューヨークを訪れたのは同橋開通の数年後のことになる。

諶之丞が瀬戸架橋を提唱したのは明治二十二年（一八八九）の五月、この絵馬が奉納されたのが同年の三月であるから、そのことから諶之丞が絵馬を見たか、あるいは杉本の属する玉木一座の誰かと会い、彼の地のブルックリン橋建設の偉業を聞き知った可能性が高いとされている。事実は確認できないが、これもまた架橋ロマンというところであろうか。

二　明治の道を旅した二人のイギリス人

イザベラ・バード

明治初期の日本の各地の道路をつぶさに旅したイギリス人が二人いる。一人は先に三島通庸の項で紹介したイザベラ・バード、もう一人は幕末から日本に長くかかわり、明治維新の達成にも大きな寄与をしたアーネスト・サトウである。日本を知ることにかけては、サトウのほうがはるかに上である。バードが日本に来たはじめ、日本人に何か質問すると、決まったように「それはサトウさんにお聞きなさい」といわれたと、バード自身が書いている。しかし現在、旅行記や手記が日本で読まれるのは、圧倒的にバードのほうである。

「何でも見てやろう」の精神があふれているからだろう。彼女の観察眼はすべてにわたって鋭く、場合によっては容赦なくずばりといいのける。といって決して冷たい目ではない。日本に船で近づいたとき、富士山が予想したよりはるかに高いところに見えた感動や、日光の杉並木で木漏れ日が草に木の葉の影を揺らめかせる姿に「日本は美しい」と思う心など、自然に対する賛美は大きい。日本人についても、「痩せて黄色くて醜い」といった表現をしばしばするが、日光で泊まった金谷《かなや》家の若夫人ユキがうっとりするほど優雅に話し、働き、歩く姿を記している。秋田県のある町では、警察の好意によって裕福な商家の主人の葬式に日本の着物を着て参列し、葬儀の一部始終を観察して、未亡人が「たいへんな美女」であったと記す。通訳が先に行ってしまって心細かったときに人力車の車夫たちが日本語で話しかけてくれたことや、藤原《ふじはら》（現栃木県日光市）で女馬子《まご》が所定の仕事を終えて荷物を無事引き渡すと、心づけをもらうのを待たずに馬と引き返していったこと、会津に行く途中で夕方、皮《かわ》紐《ひも》が一本なくなっているのに気がついたとき、馬子が一里も引き返して探してくれた上、旅が順調に終わるのは自分の責任だからと、渡したかった何銭かを受け取らなかったことなど、日本の一般民衆の細やかで律儀な様子を記している。

さて道路の話だが、バードは明治十一年（一八七八）五月からほぼ半年間にわたって、東北地方から北海道まで旅した。東京から日光までは人力車を用いたが、それから先は主として馬であり、馬が通れないような難所では徒歩であった。日光までのうち、宇都宮付近までは奥州街道があり、すでに東京（千住《せんじゅ》）・宇都宮間には明治五年（一八七二）に駅逓寮《えきていりょう》所轄の郵便（乗合）馬車が開通していたが、バードの手記には馬車のことは全く記されていない。バードはほぼ並行した二本の道のうち例幣使街道を選び、奥州街道という立派な並木道は通らなかったと書いているので、馬車の話が出てこないのは当然であろう。

日光以北では山道が多く、悪路に悩まされた。バードは、会津から新潟に行く途中で日本の道路政策に厳しい論評を加えている。

山また山の旅である。道路はひどいもので、辷《すべ》りやすく、私の馬は数回も辷って倒れた。（略）りっぱな道路こそは、今の日本でもっとも必要なものである。政府は、イギリスから装甲軍艦を買ったり、西洋の高価なぜいたく品に夢中になって国を疲弊させるよりも、国内の品物輸送のために役立つ道路を作るというような実利のある支出をすることによって国を富ました方が、ずっと良いことであろう。

（高梨健吉訳『日本奥地紀行』）

新潟から山形の米沢平野に入ったバードが、県令三島通庸の造った広々とした道路を通って驚きを感じたことはすでに触れたが、改めて彼女の文章を見よう。

すばらしい道を三日間旅して、六〇マイル近くやってきた。山形県は非常に繁栄しており、進歩的で活動的であるという印象を受ける。上ノ山《かみのやま》を出ると、まもなく山形平野に入ったが、人口が多く、よく耕作されており、幅広い道路には交通量も多く、富裕で文化的に見える。道路の修理は、漢字の入ったにぶい赤色の着物《キモノ》を着た囚人たちがやっていた。（略）新しい県庁の高くて白い建物が低い灰色の家並の上に聳《そび》えて見えるのは、大きな驚きを与える。山形の街路は広くて清潔である。

山形県の秋田県との県境近くに金山町《かねやままち》がある。バードはここに三泊している。さすがにここまで来ると立派な道路は終わってしまい、険しい山道となった。金山では、バードは体調が悪く、虫刺されの跡も痛むので新庄《しんじょう》から医者に来てもらった。医師の薬のおかげで（彼女は「偶然にも」としているが）体調がよくなり、駅逓所の部屋も心地よく、職員も丁重だったりしたので長居をしたようだ。金山町には今、立派な「イザベラ・バード記念碑」が建っている。ただ残念ながら記念碑には、バードの日記の金山での印象が短く日英両文で刻まれているだけで、いささか味気ない。せめて胸像くらい置かれてもよいのではないか。

図5—8　イザベラ・バード記念碑（山形県金山町金山）

芭蕉の「おくのほそ道」では、同じ山形県の尾花沢市の記念館が充実していて参観者も多い。ここは芭蕉が一番長逗留《ながとうりゅう》し、厚遇を受けたところである。山形県はホスピタリティのよい土地ということであろうか。芭蕉が冷遇された土地には記念館もない。何百年か経つと、その違いが出てくるのかもしれない。

さて、明治維新の後、新しい道路を造っていたのは三島の山形県にとどまるわけではない。秋田と青森の県境でも、バードはトンネルが掘れるかどうかの調査に来ていた六人の測量技師と会っている。

アーネスト・サトウ

最初にサトウがどれほどの健脚家であったかを示そう。彼は外交官の仕事だけではなく、日本を知るために、あるいは日本に来る外国人に日本を知らせるために旅行をした。その旅が記されているのは、明治五年（一八七二）から明治十五年（一八八二）の足掛け一一年、一九回に上っているが、その範囲はかなり限定されていて、東京を中心に関東一円と中部・北陸の山梨、長野、新潟、富山、岐阜、静岡の各県にすぎない。当時の日本ではまだ鉄道は新橋《しんばし》・横浜間が開通したばかりで、外国人による長距離の観光旅行はほとんどないと考えられたからであろう。それにしても彼自身は、外交官の活動として東海道を経て京都・大阪にも足を運び、さらに鹿児島や宇和島《うわじま》にも行った経験があるのだから、せめて京大阪くらいは案内してもよかったのではないかと思われる。

サトウは都会地を観光的に歩き回るより、登山家のようなコースを歩くことが好きで、たとえば明治十一年（一八七八）の北陸・東海を巡る旅では、中山道で碓氷峠を越えた後、上《うえ》田《だ》から大きな峠を三つ越えて大町《おおまち》に至り、そこから針《はり》ノ木《き》峠《とうげ》とザラ峠を越えて立山《たてやま》温泉に出て、さらに富山の芦峅寺《あしくらじ》村へ下りると、今度はまた飛驒街道を上って高山《たかやま》に至り、ここから木曽街道に出て、御嶽山《おんたけさん》にも登り、塩尻《しおじり》峠、和田《わだ》峠を経て、岩村田《いわむらだ》から軽井沢《かるいざわ》に至って元の中山道に戻り、また碓氷峠を越えて帰京している。この間二七日、中部山岳地帯の著名な峠はほとんど踏破するほどの難コースである。

ほかにも同様な中部山岳地帯の旅行をし、静岡県の山奥で巨大な刎橋を見て実際に渡るのだが、これは第四章で紹介した井川刎橋のことで、この橋の実在性の有力な証拠の一つになっている。また、私は日本に刎橋がどれだけ実在したかを調べるのに、サトウの旅行記から数え出したことがある。刎橋は深い峡谷に架けられるものであり、甲斐の猿橋などわずかな例外を除いては、ほとんど記録にも残らない。その点、サトウは中部山岳地帯をくまなく歩いていることもあり、かなり多くの刎橋の存在が彼の旅行記から拾い出せた。

このように、サトウの記述は事実に即して正確ではあり、資料的にも貴重であるが、人間観察あるいは自然観察において深い洞察や賛美、あるいは共感がほとんど見られない。それがバードと異なるところであり、またサトウより後に来日してはいるが、日本の山々を世界に紹介したことで知られ、今でも毎年各地でその名を冠した祭りが開催されるイギリスの宣教師ウォルター・ウェストン（一八六一―一九四〇）に比べると、サトウの旅行実績に対しての評価がきわめて低いことにつながっているのであろう。

三　自動車時代に入った大正時代

ようやく実った道路法

内務省が管轄する公共施設は、大別すれば河川と道路である。河川については河川法が明治二十九年（一八九六）に成立して国と地方自治体の責任区分が法定化されるが、道路についての両者の責任と費用分担を定める道路法が成立したのは大正八年（一九一九）と、二〇年あまりも遅れている。明治年間にも内務省は道路に関する統一法規を制定しようとしたが、結局実らなかった。内務省と議会の間で、補助率や国の権限の問題で意見が合わなかったのだが、しかし要は道路が国策として等閑視されていたのが、その遅れの最大の理由であろう。

当時の全国の道路の実情はあまりに劣悪で、現代の人間にはほとんど信じがたいであろうから、地方自治体史の記述から一例を拾ってみよう。『函館《はこだて》市史』によると、大正九年（一九二〇）十二月四日の『函館日日新聞』は、次のように報じている。

世界一の悪路は新川町《しんかわちょう》の二九五番地だ。昨日も馬が一匹埋まってしまったが幸に首が出ていた為、引揚げて半死半生で助かった。千代ヶ岱《ちよがたい》学校や松風《まつかぜ》学校に海岸町《かいがんちょう》から通って来る生徒は、泥の為足駄を吸い取られ、マゴマゴしていると、体も埋まってしまう泥の中に立ち往生してヒーヒー泣く様、目もあてられぬ。

新川町というのは、函館の目抜き通りである。ここにはまだ登場していないが、日本にはすでに明治三十一年（一八九八）ころから自動車が輸入されはじめていた。道路法が成立した大正八年（一九一九）には全国の自動車台数は約五〇〇〇台に達していた。

道路法制定に伴ってその施行細則として翌年定められた「道路構造令」において、道路構造の設計にあたってはじめて自動車交通が基準として考慮されるが、なお馬車・荷車などの利用が圧倒的に多く、この時点では曲線半径や縦断勾配も馬車の回転半径や登坂能力を基準に定められた。道路構造に関する基準から完全に馬車交通が消えたのは、太平洋戦争後のことである。

ここで構造基準のごく概略を示しておこう。まず道路幅員は表5―1の左側欄を標準とし、山地その他の特殊な箇所では右側欄の値まで縮小できるとしている。縦断勾配は国道で1／30（三〇メートル進むと一メートル上がる）、府県道では1／25、特殊な箇所で1／15としている。曲線半径は、国道と府県道は三〇間（五四・六メートル）以上、特殊な箇所では六間まで縮小できるとしている。三〇間という規定値は、現今の道路構造令の設計速度四〇キロ／時の道路にほぼ対応している。

表5－1　道路構造令による幅員の基準

区分	規定値	縮小値
国道	4間(7.3m)以上	3間(5.5m)以上
府県道	3間(5.5m)以上	2.5間(4.5m)以上
主要な市道	3間(5.5m)以上	2間(3.6m)以上
主要な町村道	2間(3.6m)以上	1.5間(2.7m)以上

道路法の象徴、道路元標

東京日本橋の中央、それも車道の真ん中に直径一メートルほどの丸い金属板が埋め込まれている。これは道路元標《げんぴょう》と呼ばれ、昭和四十七年（一九七二）に時の内閣総理大臣佐藤栄作《さとうえいさく》の揮毫《きごう》によって、「日本国道路元標」と中心を囲むように円形に書かれている。車道上にあって交通上危険なので、間近に見ることはできない。そこで橋の袂《たもと》にそのレプリカが展示されている。この元標そのものは記念碑的なものであって、法令などに直接準拠したものではない。ただ、その根拠は、明治六年（一八七三）の「道路里程調査」に関する太政官達《たっし》にある。そこには「東京ハ日本橋、京都ハ三条橋ノ中央ヲ以テ国内諸街道ノ起程ノ元標トナシ」と書かれている。ただし、この明治の道路元標がこの橋の袂にあったかどうかははっきりしていない。また、日本橋を日本のすべての道の起点と定めたことは、江戸時代に「此《この》橋江戸の中央にして諸国よりの行程もここより定めらるゝ故《ゆえ》、日本橋の名ありといふ」（『府内備考』）との伝えを引くものである。

この日本橋についての大正天皇の漢詩がある。題して「日本橋」である。大正天皇は漢詩人であった。

絡繹舟車倍旧饒　　絡繹《らくえき》たる舟車《しゅうしゃ》　旧《きゅう》に倍《ばい》して饒《おお》し
高楼傑閣聳雲霄　　高楼傑閣《こうろうけっかく》　雲霄《うんしょう》に聳《そび》ゆ
神州道路従茲起　　神州《しんしゅう》の道路《どうろ》　茲《ここ》より起《おこ》る
不負称為日本橋　　負《そむ》かず　称《しょう》して日本橋《にほんばし》と為《な》すに

（橋下の舟も橋上の車馬も、昔に倍して続々と行き交っている。周りの大きな建物は雲をついて天にも届くようだ。わが神国日本の道路はすべてここを起点として四方に通じている。日本橋という名はまさにそれに負けないものだ。〔筆者訳〕）

この詩のポイントは結句（四句目）にあるとされる。つまり「日本橋」の名は日本の道路の起点にふさわしいだけの風格を備えている、というのである。日本橋を詠った漢詩はいく

図5—9　日本橋の道路元標（立つのが東京市道路元標、その下に「日本国道路元標」のレプリカが置かれている）

つもあるが、全国の道路の起点にふさわしい名前を持つとして、日本橋を賞賛する詩は他には見られない貴重なものだ。この詩は大正二年（一九一三）作とされる。日本橋がそれまでの木橋から現在の石橋に架け替えられたのは明治四十四年（一九一一）のことだから、それから二年後、まだ新しい石橋の威容を見ての詩作である。

この道路元標には、実はもう一つの意味がある。それは東京市の道路元標の位置でもあることで、大正期の道路法施行令を根拠にしている。大正八年（一九一九）の道路法制定後、内務省は関係法令を制定して体制を整えたが、その一つが道路元標である。同年十一月公布の道路法施行令には三条にわたって道路元標について規定している。

すなわち、「府県庁、師団司令部、鎮守府、郡市役所又ハ町村役場ノ所在地ヲ国道、府県道、又ハ郡道ノ路線ノ起点終点ト為ストキハ市町村ニ於ケル道路元標ノ位置ニ依ルヘシ」とし、各市町村に一個を置くことを規定した。

そのときに東京市がどういうものを建てたかは分からないが、東京市は関東大震災復興後の昭和三年（一九二八）に日本橋の中央、市電の往復二本の線路の間に道路元標を建てた。

図５―10　明治期の道路元標（鹿児島市東千石町）

それが「東京市道路元標」である。これは元来、市電の架線を吊すための支柱であり、それを兼ねて道路元標としたものだ。太平洋戦争後の昭和四十七年（一九七二）に都電（市電を改称）の撤去に伴う道路改修の際に、橋の北西詰めの緑地に移された。その跡に埋められたのが、今の丸い「日本国道路元標」である。

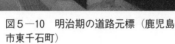

このように道路元標は里程調査の行われた明治初期と大正の道路法施行令公布の時期の二回にわたって定められている。明治期の里程元標は一般に木柱であり、雨風にさらされて朽廃するのが早く、どこにも現物は残っていない。ただ地域によっては石柱として建てたものがある。たとえば鹿児島市東千石町《ひがしせんごくちょう》の一般国道一〇号と同五二号の接続する交差点の一隅(正しくは五二号の歩道上)に立っている石柱がその一つである。西南戦争によって最初の木柱が亡失したので明治三十五年(一九〇二)に石柱としたものとのことである。

明治期の元標は元来が里程標であるので、そこから主要地点までの距離が里・町・間の単位で示されていた。この鹿児島市の里程標の管理者が誰であるのか、現時点でははっきりしない。鹿児島県にはこのほか、一〇ヵ所以上の里程標が残されており、それがみな石材であることが、鹿児島県教育委員会文化財課の調査で明らかにされている。

ほかに長野県小諸《こもろ》市に「北国街道小諸宿道路元標」が木柱で復元保存されており、明治初年に小諸県が一時期あったので、そのとき建てられたものの復元保存であろう。また富山県には、高岡市はじめ各所に明治期の里程元標の復元木柱が残されている。

大正期の道路構造令公布に伴う道路元標は、材料が石材であることが指定され、その形状や寸法も定められていた。その点からいえば、市電ポールを兼ねた東京市道路元標は標準規格から外れている。これらの道路元標はすべての市町村に設けられるように定められたが、こちらも現在ではその多くが散逸して、国内各地に残されているものはそれほど多くない。その現存状況については兵庫県と栃木県でそれぞれ地元の研究者が確認して集計している。兵庫県の場合は、設定当時の県下四二四市町村のうち、二〇〇二年当時でほぼ半数の二一七ヵ所が健在であり、栃木県の場合は、二〇〇四年現在で一七六基のうち四〇基程度しか確認されていない。その他インターネットで保存状況などが公開されている地域もある。

図5―11　大正期の道路元標（埼玉県蕨市中央）

　道路元標は道路法第二条2項において、「道路の付属物」のなかの「三・道路標識、道路元標又は里程標」として指定されている。したがって、本来、道路元標なり里程標はそれが置かれている道路の管理者が当然、その保存と管理の責任を負っているはずである。しかし実情は必ずしもそうではない。国道や都道府県道、あるいは市町村道の道路の区分が変更されることもあり、そうした変更後の管理主体が、いわば古い建造物であり、現状では直接には役に立たない道路元標の存在に関心が薄いのだろう。規定どおりに当該道路の管理者が保存・管理している場合もあるが、所在する地域の教育委員会が管理している場合もあるようである。たとえ現在の道路管理に支障がないとしても、法律上は重要な道路付属物であるのだから、もう少し注意深く取り扱ってもらいたいものである。

図5—11に示した埼玉県蕨《わらび》市のものは、旧中山道に沿って設けられており、この道路は現在、蕨市が管理していて、道路元標も道路管理者である同市が丁寧に保存・管理している。

関東大震災を契機として発展した道路・橋梁技術

大正十二年（一九二三）九月一日、関東地方一円を襲った関東大震災は、帝都を中心に壊滅的打撃を与えたが、同時にそれは新しい道路技術に実践の機会を提供した。震災復興事業は国の予算で実施することになったため、幹線道路の舗装は国の機関として設置された帝都復興院（後に復興局）が担当し、東京市内の路面舗装の普及は急速に進んだ。東京市内の道路整備が震災を契機として大幅に進展したことは、道路法が制定された大正八年（一九一九）に都市計画法が制定公布されたことと大きな関係がある。東京市では都市計画法の制定直後に都市計画区域が決定され、都市計画の立案作業が進みつつあったので、震災後の復興

図5—12　隅田川に架かる清洲橋（背後に東京スカイツリーが見える）

都市計画が迅速に樹立され、街路事業もその一環として進められたのである。

　東京市ではまた大震災によって、既設の六六八橋のうち二八九橋が焼失、破壊、落橋の憂き目に遭った。そのほとんどは木橋であった。政府は東京の復興のシンボルとして、特に隅田川《すみだがわ》への架橋を全体的な構想のもとに試みた。復興事業の技術面の総帥であった太田《おおた》円三《えんぞう》（帝都復興院土木局長）の下で田中《たなか》豊《ゆたか》（同院橋梁課長、後の東大教授）によって、統一的なデザインモチーフのもと、それぞれ異なった橋梁形式が採用された。なかでも最下流に位置する永代橋《えいたいばし》を上に張り出したアーチ形式とし、次の清洲橋《きよすばし》を下垂線が鮮やかな吊り橋形式とするなど際立った対比性を持たせ、構造技術面だけでなく環境デザインの面でも新境地を開くなど、大きな成功を収めた。

太平洋戦争と自動車道路計画

日本の自動車台数は、関東大震災を挟んで急激に増加した。震災後の大正十五年（一九二六）には三万二〇〇〇台に達し、昭和七年（一九三二）には一〇万台を超えた。それと符節を合わせるように馬車、荷車、人力車類はほとんど姿を消した。こうした情勢のなかで自動車道路の論議が生じた。ここでいう自動車道路とは、自動車専用道路ではあるが、実質的にバスの運行を主とした民間の有料道路であった。『内務省史』によると、大正七年（一九一八）に旭《あさひ》自動車株式会社に開設許可が与えられた北海道函館市・同亀田《かめだ》郡湯川《ゆのかわ》村（現函館市の湯の川温泉）間の自動車道（延長四・五キロ）が、わが国自動車道路の第一号である。函館といえば、前述のようにその二年後に市内の目抜き通りで馬が首まで浸《つ》かるぬかるみの話題が新聞を賑《にぎ》わせていた場所である。残念ながら、この自動車道路のルートがどこを走っていたのか手がかりはつかめない。

バス路線主体の自動車道路とは別に、一般交通主体の自動車道路の必要が論議されていたが、やがてドイツのライヒス・アウトバーン（帝国自動車道）の刺激を受けて、自動車専用の国道建設の議論が出はじめたのが昭和十三年（一九三八）あたりで、早くも昭和十五年（一九四〇）には東京・下関《しものせき》間の高速国道の調査が内務省によって開始され、その構造基準もドイツのそれに見習って策定された。この自動車国道計画は全路線延長が五四九〇キロで、その骨格は図5―13にも見るように、本州は青森から下関まで、太平洋沿岸と日本海側をそれぞれ走る一本ずつの幹線で構成されるループであり、その間を何本かの横断道が走っている。全般的な概況を見ると、著しく大陸指向型、北方重視型で、「国防上の要請」への対応の色が濃い。九州では門司《もじ》から福岡を経て長崎まで行く九州北部横断線の一本しかなく、四国には全く路線がない。その代わり北海道では普通の国道でさえまだ旭川《あさひかわ》までしか達していないのに、自動車国道は北端の稚内《わっかない》から、図5―13にはないが、樺太《からふと》の国境端まで路線が延びている。なお構造規格は、たとえば幅員構成がドイツ・アウトバーンのそれより狭いなど、日本に即して修正されている。

この自動車道計画は、「東京―神戸間」を最優先区間として取り上げ、この区間の調査を開始したが、戦争の激化によって昭和十八年（一九四三）には調査も中止された。ただ、この間に日本は満洲国において、ほぼドイツ・アウトバーンの規格に準じた規模の高速道路を大連《だいれん》・哈爾浜《ハルビン》間、約一〇〇〇キロに計画し、一部は完成寸前にまで行った。戦後、中国はこれをベースとして同区間の高速道路を完成させたと伝えられる。もともと日本は、満洲国を

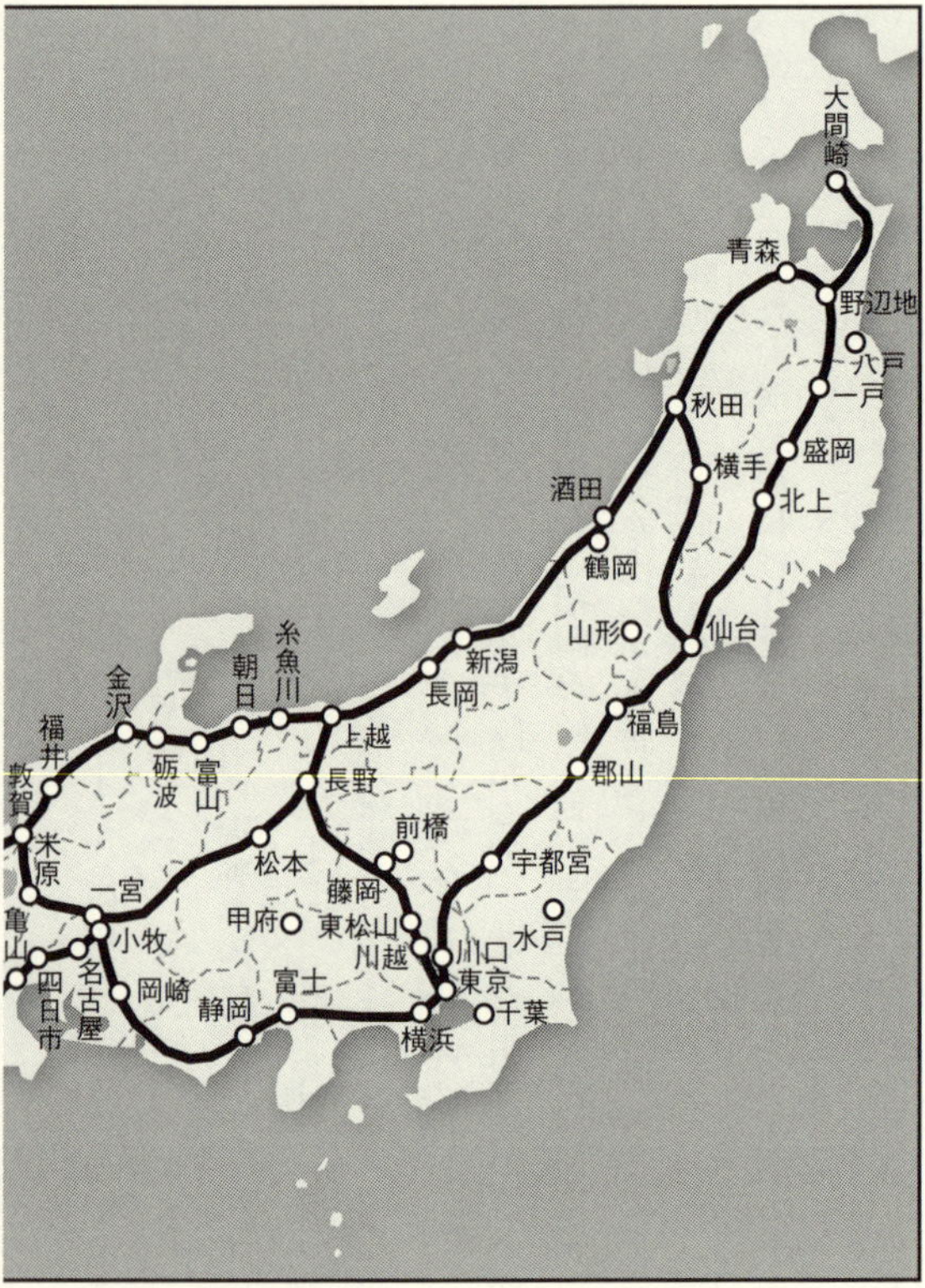

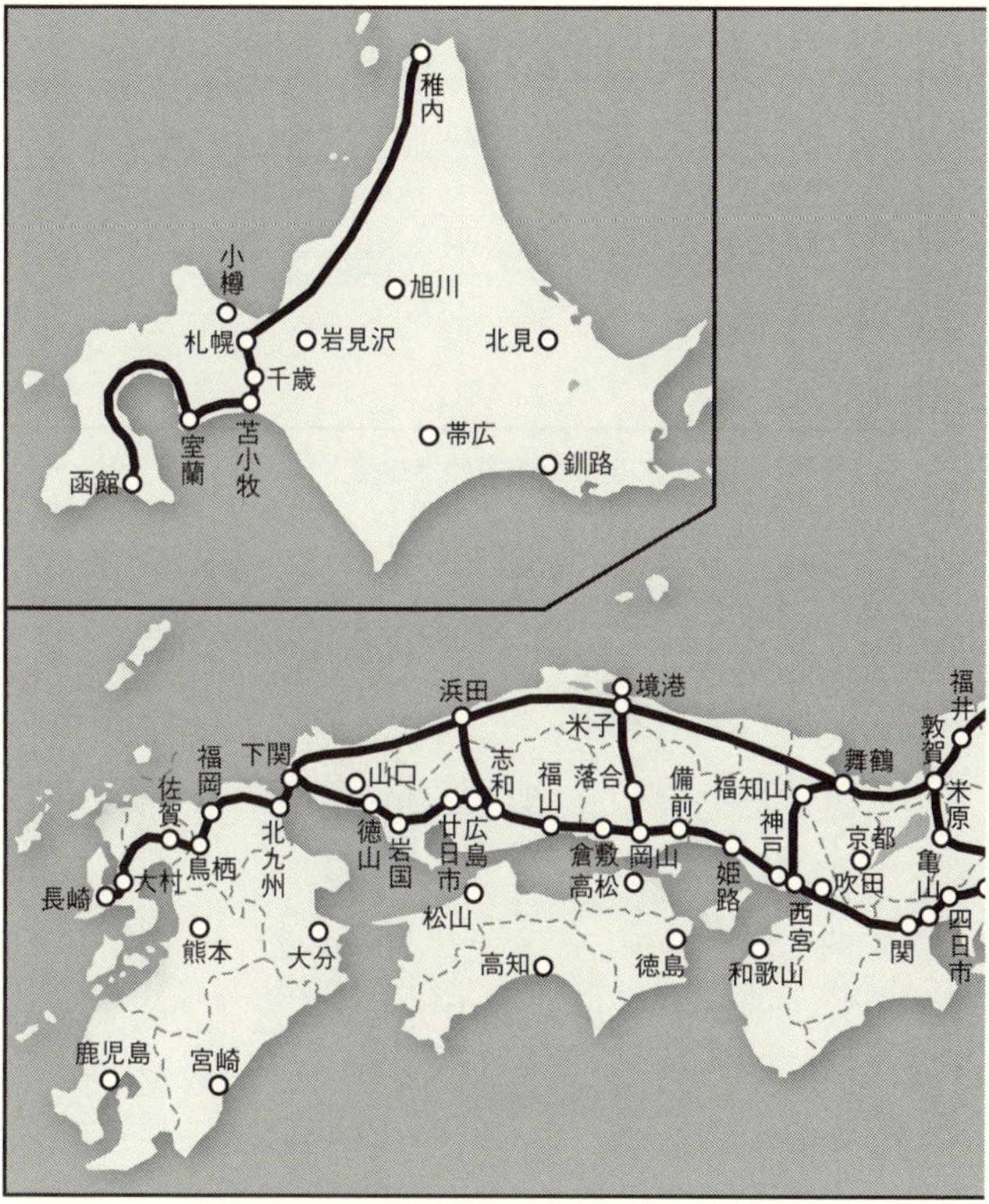

図５—13　戦前の自動車国道構想（『日本道路史』をもとに作成）

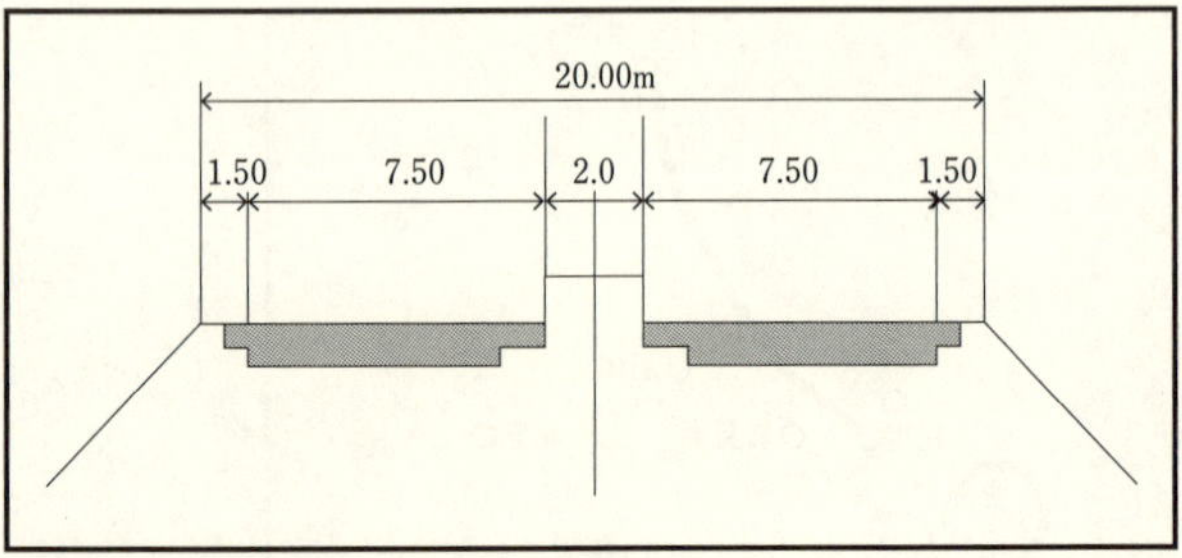

図５―14　戦前の自動車国道標準規格

ただの植民地とみなすだけでなく、一種の実験国家として、各種の経済計画やインフラ事業を実施していた。首都新京《しんきょう》市（現長春《ちょうしゅん》）の都市計画や、満鉄による大連・哈爾浜間の「あじあ」号運行など数々の実績がある。「あじあ」号が戦後の新幹線のモデルといわれるように、これらの先駆的事業は、戦後日本の原動力の一つとなった。

こうした先駆的取り組みの一方、国内の道路の状況は、昭和十二年（一九三七）の日中戦争への突入から太平洋戦争の勃発に至る事態を受け、一変した。自動車は兵器として戦争において消耗され、輸入制限、資材統制、自動車工場の航空機工場への転換、燃料不足などにより、戦前のピークである昭和十三年（一九三八）の約二二万台から昭和二十年（一九四五）の約一四万台へと、約三分の二にまで減少した。こうしたなかでは道路が等閑視されるのも当然だった。

第六章　現代――高速道路時代の到来

一　戦後の道路を生んだ二人の田中

アメリカの援助で始まった戦後の道路復興

第二次世界大戦で枢軸国側について敗北した日本は、民主主義国家として再出発はしたものの、復興の基礎となるべき社会基盤施設は、戦時下にあって保守・管理が不十分だった上に、戦争末期の空襲で相当の破壊を受けたので、その能力は極度に低下していた。なかでも道路の荒廃は目を覆うものであった。

その影響は多方面にわたった。第一は道路の荒廃による自動車自身の被害である。舗装は

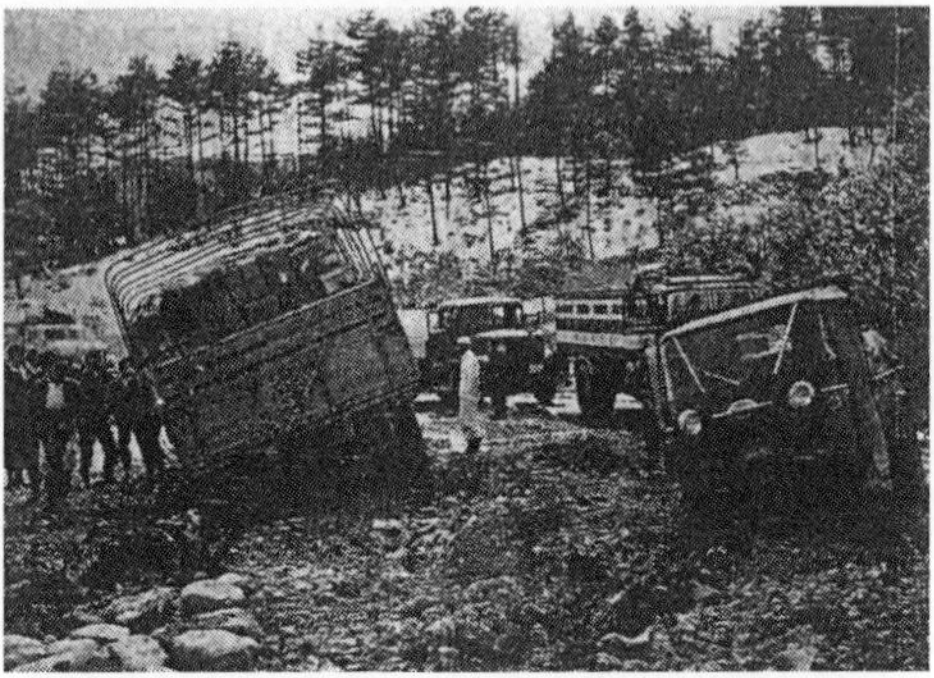

図6―1　泥濘と闘う自動車　現在の国道20号塩尻峠付近（『日本道路協会五十年史』より）

もとより基礎地盤の栗石や砂利のほとんどないままの路面は自動車の重量を支えることができず、轍《わだち》は軟弱な路面に潜り込むだけだった（図6―1参照）。第二は道路幅員の狭さによる交通車両と沿道家屋の被害である。自動車がすれ違うことの難しいほどの狭さは、通行車両によってしばしば沿道家屋の庇《ひさし》を棄損し、車を傷つけた。路線バスの車掌の重要な任務は、対向車とのすれ違いの際に、バスの車体が対向車や沿道家屋を傷つけないよう誘導することだった（図6―2参照）。第三は自動車、特にトラックの走行によって道路から舞い上がる粉塵《ふんじん》による日常生活への支障や農作物の被害である。これは次項で説明する。

それらを最初に救ったのは、やはり占領軍アメリカだった。昭和二十三年（一九四八）十一月、連合国軍総司令官の日本政府に対する覚書（通称、マッカーサー覚書）によって、政府は「日本の道路及び街路網の維持修繕五箇年計画」を作成することになったが、それはあくまでも道路の破損を復旧し、維持および修繕に重点を置くものであった。その資金もまずはアメリカの対日援助見返り資金に頼るものであった。見返り資金とは、アメリカの対日援助

図6—2　狭隘な国道18号　長野県牟礼村付近
（『国道18号調査報告書』1953より）

資金を積み立て、日本の経済再建と安定のために使われたもので、昭和二十五年（一九五〇）には同資金から公共事業に一一〇億円の予算が割り当てられ、そのうち道路改良と橋梁整備には合計三九億一〇〇〇万円が当てられたが、これは当年度の道路予算の四三パーセントにあたる。ほぼ半分近くの予算がアメリカの援助資金によるものだったことになる。

舞い上がる粉塵とその被害

道路改良工事は、まず道路の幅を広げ、砂利で基盤を造り、砂を撒《ま》いて固めるものであった。そのためトラックが通れば砂塵《さじん》が濛々《もうもう》として目も開けていられなかった。

昭和二十年代後半、私は建設省（現国土交通省）の出先機関である関東地方建設局の道路技師として働いていたが、国道一八号の道路改良の調査を担当することになった。高崎から長野へ抜ける道である。世界遺産に登録された富岡《とみおか》製糸場も近くにあるように、群馬県から長野県にかけては生糸生産に必要な蚕が食べる桑《くわ》の葉の生産が盛んで、国道の両側には桑の木がたくさん栽培されていた。当時の幹線道路の悩みは、トラックやバスのすれ違いもままならないほどの幅員の狭さと、車が通行するときに巻き起こす塵埃《じんあい》の被害であった。私は長野県の蚕糸試験所の技師と共同で実験を行い、国道の近傍の桑の葉を蚕に食べさせて、その葉を食べた蚕の成長が阻害されることをデータで分析したことがある。この結果、国道に近い桑畑の桑の葉を食べた蚕は下痢を起こして成長しないことが分かった。つまり、早く舗装することによって、この種の道路交通による産業被害が減らせるという趣旨で、いわば道路公害に関する調査の走りのようなものであった。

当時はまた、改良を優先するか、舗装を優先するかの道路政策についての選択の悩みの時代でもあった。当初は拡幅などの改良が終わってから舗装にかかるほうがトータルコストとしては少なくて済むという考え方が支配的であったが、改良工事は用地買収などが必要で、何年もの時日を費やし、現実的でないことから、建設省は昭和三十年代後半にようやく舗装優先主義に転換した。欧米を視察した当時の建設省道路局次長尾之内由紀夫《おのうちゆきお》（後に同省事務次官）の決断であった。

戦後日本の道路といえば、後述のワトキンス調査団の勧告がすべての原動力となって整備されたかのように思われがちである。しかし、それを受け入れる素地があったからこそ、急速な道路整備の展開が可能だったのであり、先人たちの先見性と功績とを忘れるわけにはいかない。その中心に二人の田中姓の人物がいた。田中精一《せいいち》と田中角栄《かくえい》である。

に提出するなど、各方面に働きかけた。連合国軍総司令官マッカーサー元帥に直訴したり、昭和二十四年（一九四九）には昭和天皇に自らの構想を披露するまでになった。田中の活動は目覚しいもので、私財を投じて国土改造計画の立体地図模型などを作ったりもした。この国土改造計画の中心命題になったのが国土の普遍的開発であり、その具体策の中心に据えられたのが、「国土開発縦貫自動車道構想」であった。

　この構想は、まず本州の中央山地部を縦貫する自動車道路を建設し、この幹線道路から海岸線に向かって肋骨《ろっこつ》状に連絡道路を設けることによって全国をネットワーク的に短絡し、国

図6―3　田中精一の銅像（東名高速沼津IC）

田中精一

田中精一は静岡県沼津《ぬまづ》市の実業家である。田中は敗戦直後の昭和二十二年（一九四七）に、食糧の自給自足を目標とする「平和国家建設国土計画大綱」をまとめ、政府と連合国軍総司令部（ＧＨＱ）

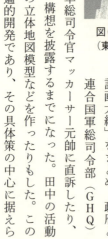

図6―4　田中精一の国土開発縦貫高速自動車道構想図（中央道部分）（田中研究所『日本の高速自動車道　その発案と実現について　第2集』1969をもとに作成）

土の普遍的開発を図るとするものであった。戦前の内務省自動車国道構想が、国防的見地からまず海岸線沿いに幹線道路をループ状に造り、必要な箇所に横断道路を配置しようとしたのと対極に位置する考え方であった。

田中の構想は瀬戸山三男《せとやまみつお》、青木一男《あおきかずお》ら有力国会議員の支持を受け、昭和二十八年（一九五三）には「国土建設推進連盟」が結成され、五月には右派社会党によって「国土開発中央自動車道事業法案」が提出されるまでになった。これに対して建設省は同年五月、東海道案としての「東京神戸間有料道路計画書」を公表し、中央道を婉曲《えんきょく》に否定した。これ以後、東海道か中央道かという論争は次第に激しくなった。田中精一の掲げた縦貫道構想は、具体的なルート問題で、東京・名古屋間のみならず九州などでも理念に走りすぎて現実にそぐわないところもあって、建設省が調整に苦労した面もあるが、中国道のようにほぼ田中精一の構想どおりに実施されたところもある。田中の構想がインパクトとなって、戦後日本の高速道路建設が具体化し、その発展に大きく貢献したことは間違いない。田中は昭和三十四年（一九五九）に参議院全国区に立候補して当選し、その後は自ら一国会議員として縦貫道構想の実現に奔走した。

建設省にあって初代高速道路調査室長として田中構想との調整に苦労した高橋国一郎《たかはしくにいちろう》（後に建設省事務次官、日本道路公団総裁）も、「もし田中氏の運動がなかったら、日本の高速道路建設はもっと遅れていただろう」と語っている。

田中角栄

戦後日本の道路整備の方向性を明確にしたもう一人の田中とは、後に内閣総理大臣になった田中角栄である。戦後の道路建設をともかくもアメリカの援助によって踏み出した日本は、建設省の手で新しい道路整備の方針を立てた。昭和二十七年（一九五二）から二十八年（一九五三）にかけてのことである。

　それは、①ガソリン（揮発油）税を道路財源とする財源制度による財源の確保、②有料道路制度の創設による優先的道路の効果的建設、③道路整備五ヵ年計画による計画的実施、の三本柱である。このうち、議員立法で成立したのが①のガソリン税を道路特定の財源とする法案（「道路整備の財源等に関する臨時措置法」昭和二十八年〔一九五三〕に可決成立）で、その中心にいたのが田中角栄であった。田中はまだ二年生議員であったが、道路整備に必要な財源をガソリン税とすることに目をつけ、これを推進した。道路整備の三本柱のなかで中心的役割を果たしたのがこの道路特定財源制度で、ガソリン税はその後の自動車の爆発的普及によって道路整備の実施を安定的に支えた。この特定財源制度が、時代的要請によって廃止されたのは平成二十一年（二〇〇九）四月であるから、実に半世紀以上にわたって道路整備財源の根

図6—5　田中角栄の銅像（JR上越新幹線浦佐駅前）

幹を担ってきた。田中はその先見性によって、ガソリン税の税収の増加が自動車の普及と比例関係にあり、それがまた道路需要と比例関係を持つことによって、道路整備の財源が安定的に確保できることを本能的に嗅《か》ぎ取ったのであろう。

田中はコンピュータつきブルドーザなどと呼ばれ、自由民主党幹事長時代などにはパーティーの席上などで、予算や国民経済上のあらゆる数量、金額を次から次へと並べ立てて、人びとを煙に巻いた。昭和天皇への内奏時でも同様であったという。

私は田中の首相在任中、日本道路公団で田中の地元である新潟県を管轄の一部とする建設局の局長に就任した。そのため、新潟県下の高速道路建設の現況を報告するために、時おり目白《めじろ》の田中邸を訪れる機会があった。目白御殿と呼ばれた田中邸には、私宅のそばに広大な面会所が設けられていた。約束の日の午前八時、そこへ行くとすでに地元からの陳情者が大勢詰めかけていた。しかし、順番は役人かそれに類する者が優先のようであった。田中は陳情客たちを待たせて私の概況報告を聞き終えると、自分が地元の建設会社社長であったころ、トンネル工事では昔の手掘り同様の工事で苦労した話を楽しげにしていた。

後年、ある人が私に、田中は新潟・東京間を走る関越《かんえつ》自動車道の東京側入口を自分の家の前へ持って来させた、あれはひどいといった。我田引水ならぬ我田引道だというのである。

田中邸は目白通りに沿って建てられており、目白通りはその先で関越自動車道の東京側入口につながる。しかし、関越自動車道のルートは、古代の東山道武蔵路や中世の鎌倉街道上《かみ》の道とほぼ同じコースであり、高速道路としては当然の道筋であって、田中の目白邸を意識したものではない。むしろ参勤交代時の諸大名の屋敷の位置を考えれば、田中邸のほうが、新潟から来る道筋を選んで建てられたと考えたほうが合理的である。たとえば、金沢の加賀藩の上屋敷のあった本郷《ほんごう》は、金沢から江戸までの参勤交代の道筋である中山道沿いであるし、鹿児島の島津屋敷は東海道筋の三田《みた》にあった。私は目白の田中邸の位置も同じような考え方で決められたのではないかと考えている。

田中は後に『日本列島改造論』によって日本の国土的基礎を築くことを持論として総理大臣となったが、同時にその金銭的体質を責められて挫折《ざせつ》した。功罪は相半ばするかもしれないが、少なくとも道路史においてその名を逸することはできない。

世に我田引道の例がないわけではない。ほぼ同じころに、当時の政権与党自由民主党の領袖《りょうしゅう》の一人であった河野一郎《こうのいちろう》がそれをやった。昭和三十七年（一九六二）に建設大臣に就任したとき、ちょうど東名高速道路の建設が始まった。河野は東名高速道路が、自宅もあり選挙区の中心でもある小田原市を通過しないことに不満だった。東名高速から小田原に出るには、大井松田《おおいまつだ》IC（インターチェンジ）から一般国道に出なければならない。それでは遠回りだ、厚木《あつぎ》ICから小田原に直結する道を造れという命令である。これで厚木・小田原間は三角形の二辺から一辺になる。建設省の事務当局は困惑したが、豪腕で知られる大臣に逆らうことは難しい。そこで東名高速道路の計画が起点の東京ICから大井松田ICまでが六車線計画（以降は四車線）であったのに目をつけ、六車線区間を厚木までで打ち切り、厚木・大井松田間は四車線に縮小して、その二車線分を直結の新路線に持ってゆくという辻褄《つじつま》合わせの苦肉の策を考えて、実行した。それが有料道路の小田原厚木道路である。幸い、全体に交通量の多い地域であったため、東名の厚木・大井松田間もその後六車線に拡幅され、小田原厚木道路も有料道路として採算が成り立っているが、記憶に残る事件だった。

二　やはり外国によって目覚めた戦後の道

ラルフ・J・ワトキンス

日本の道路は信じがたいほど悪い。工業国にして、これ程完全にその道路網を無視してきた国は、日本のほかにない。

"The roads of Japan are incredibly bad. No other industrial nation has so completely neglected its highway system."

これは、昭和三十一年（一九五六）、日本政府が名神高速道路の調査のために招いた世界銀行のワトキンス調査団の報告書にある歴史的な一節である。これによって、戦後日本の道路建設の必要性が、日本国民によってはじめて認知されたといってよい。

戦後の道路整備促進の大きな柱は、田中精一らによって主導された国土開発縦貫自動車道構想であったが、その動きと並行するように、建設省もまた戦前の自動車国道構想を復活させる動きを示し、東京・神戸間高速道路計画の着手に乗り出した。

私は昭和二十七年（一九五二）には、建設省関東地方建設局（現地方整備局）の一技師として、その計画の一部である東京・厚木間の路線調査に従事していた。翌二十八年（一九五三）三月には関東、中部、近畿の三地方建設局の担当者が京都に呼び集められ、本省の主導で連絡会議が持たれたから、まだその時点では東京・神戸間の同時着手は計画どおりであったのだろう。そのころは航空写真測量などの調査はなかったから、五万分の一地形図を元に実地に測量杭を打って、それをもとに盛土数量などを計算し、概算建設費を算出したりしていた。そのとき、本省から派遣された片平信貴《かたひらのぶたか》（後に日本道路公団理事）ら幹部が示したアメリカのターンパイク（有料道路）やドイツのアウトバーンのインターチェンジなどの華麗な設計図像は、私のような現場に張り付いている技術者にとっては、宝石の輝きにも似た衝撃だった。まもなく、日本道路公団が設立され、高速道路を担当することになったとき、そこに馳せ参じる衝動を抑えられなかったのは、当然の成り行きであった。

いっぽう、そのころから田中精一主導の縦貫道構想が具体化しはじめ、特に東京・名古屋間が具体的計画に上ってきたので、前述のように建設省はその年（二十八年）五月、東海道案としての「東京神戸間有料道路計画書」を公表し、中央道に対抗した。しかし問題が大きくなったので、政府は当面実施すべき区間を名古屋・神戸間に限定し、その計画を有料道路とするとともに、借款を世界銀行に求めることとした。これが名神高速道路である。これには、時の首相吉田茂《よしだしげる》も関心を示した。吉田は昭和二十六年（一九五一）にサンフランシスコ平和条約を締結するために渡米し、その機会にアメリカの高速道路に接して、その有効性をよく認識していた。

世界銀行からの借款に積極的にかかわったのが当時の電源開発総裁、高碕達之助《たかさきたつのすけ》である。高碕は戦時中、事実上日本の植民地であった満洲国で満洲重工業開発副総裁に就任し、国策的工業開発に通暁していた。そのため、高碕の電源開発総裁就任は吉田首相の要請によるものだった。この高碕の運動もあって、世界銀行が調査団を派遣し、調査報告が発表されたのである。

この調査報告書は経済調査報告のお手本のようなもので、数十年経ってからも原文と翻訳文の双方が再出版されたほどである。調査団長のラルフ・J・ワトキンスは経済学者で、当時連邦統計利用者会議理事長だった。

報告書は、名神高速道路の建設を是とし、その建設費の一部に世界銀行が貸付を行うことを肯定し、また日本政府に対しては、高速道路の有料制の採用、道路特定財源制度の制定、道路行政の改革などを勧告し、具体的には道路予算を三倍増とすることを提言した。日本政府は翌年度からただちにそれを実行した。

クサヘル・ドルシュ

ワトキンスの具体的提言の一つに、名神高速道路の着工に際して、建設を担当する日本道路公団が外国から経験のある技術専門家を雇うことがあった。その提言に従って、ドイツから道路計画の専門家として、クサヘル・ドルシュ、アメリカから土質・舗装の専門家として

図6―6　東名高速道路開通式のドルシュ夫妻（中央右向きの人物がドルシュ、左端が同氏夫人、右端が著者）

ポール・ソンデレガーの二人が来日した。なかでもドルシュは戦後の西ドイツ政府の道路局長経験者で、戦時中はドイツ・アウトバーンの父と呼ばれたトット博士の薫陶を受けていた。

もともと日本は戦時中から自動車国道計画については、ドイツのアウトバーンを模範としていた関係もあったから、その技術を導入することに何の違和感もなかった。また、ドルシュ自身が非常に魅力的な人物で、その指導は自信にあふれていた。そのため、彼の指導を受ける日本道路公団の若い技術者たちはたちまち彼に心酔した。その技術者の一人が私だった。

ドルシュの一番の仕事は、線形といって

道路の路線を地図上に引くことだった。しかし、そのやり方は、それまでわれわれが学び、実行していた方法とは全く違っていた。われわれのやり方は地図上に定規で直線を引き、折れ曲がる地点に円弧定規でカーブを挿入する方法だった。だから製図の鉛筆は硬いHの芯《しん》であった。ところがドルシュは、まず柔らかい鉛筆を持てという。そして等高線の入った地図上にフリーハンドで線形を描けという。そして、その自由に描かれた線を基礎に、円定規とクロソイド定規を使って、工学的に計算できる線に置き換えるのである。クロソイドとは曲率が徐々に変化する曲線系の一つである。結果として、高速道路の線形は流れるように美しく、周囲の地形に調和したものになる。このクロソイドの大きさを測る単位としてパラメータAがある。ちょうど円曲線の半径Rに相当するもので、円曲線の半径が一〇〇〇メートルというのと同じく、クロソイドのパラメータAが七〇〇メートルといったように使われる。

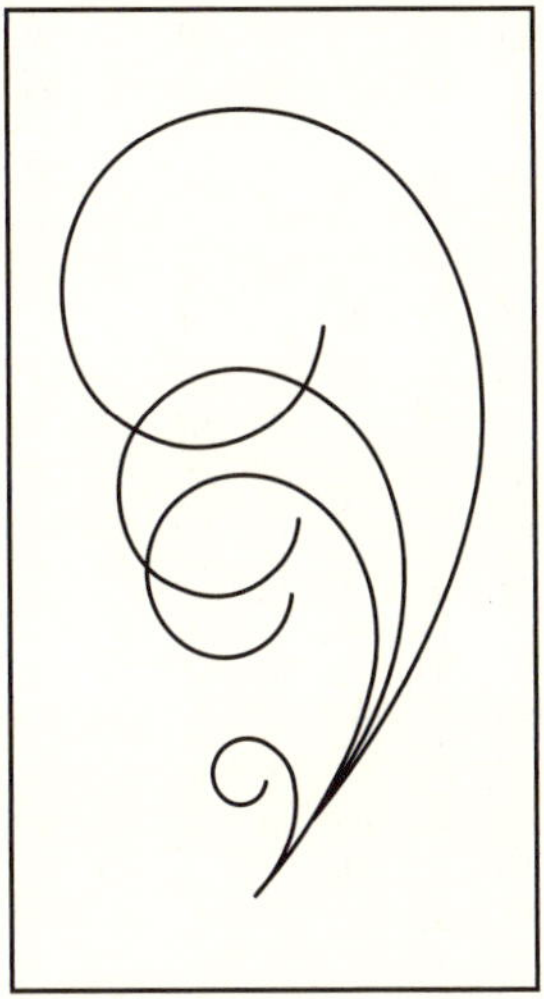

図6—7　クロソイド曲線

この方法は建築デザインのやり方に近いものであった。日本の道路計画技術は一変した。それだけではない。ドルシュはそれまでにわれわれが設計済みであった部分のインターチェンジ計画を全面的に改めるよう勧告した。日本の計画では、これからの交通量の増大には到底耐え切れないとして、大規模な様式への変更を勧めたのだ。日本道路公団はすべての提言を受け入れ、用地を買い増して実施した。

ドルシュの指導を受けることを、われわれは「ドルシュ学校」と呼んだ。その卒業生たちが後に全国に散らばって、各地の高速道路の計画をした。ドルシュは、名神高速道路に引き続く東名高速道路でも同じく顧問を務めたが、このときは「日本の技術者たちはもう彼らだけで十分にやれる」として、ほとんど口を挟まなかった。

昭和四十四年(一九六九)に東名高速道路が完成したとき、日本政府はワトキンス、ドルシュ、ソンデレガーの三人を招待し、勲章を授けてその功績を顕彰した。明治時代、日本は多くのお雇い外国人の力を借りて学識と技術を高めた。しかしそのなかには道路の専門家は一人も含まれていなかった。それから八〇年ほど過ぎて、道路の世界もようやくお雇い外国人の恩恵に浴したのだった。

名神高速道路におけるアメリカの影

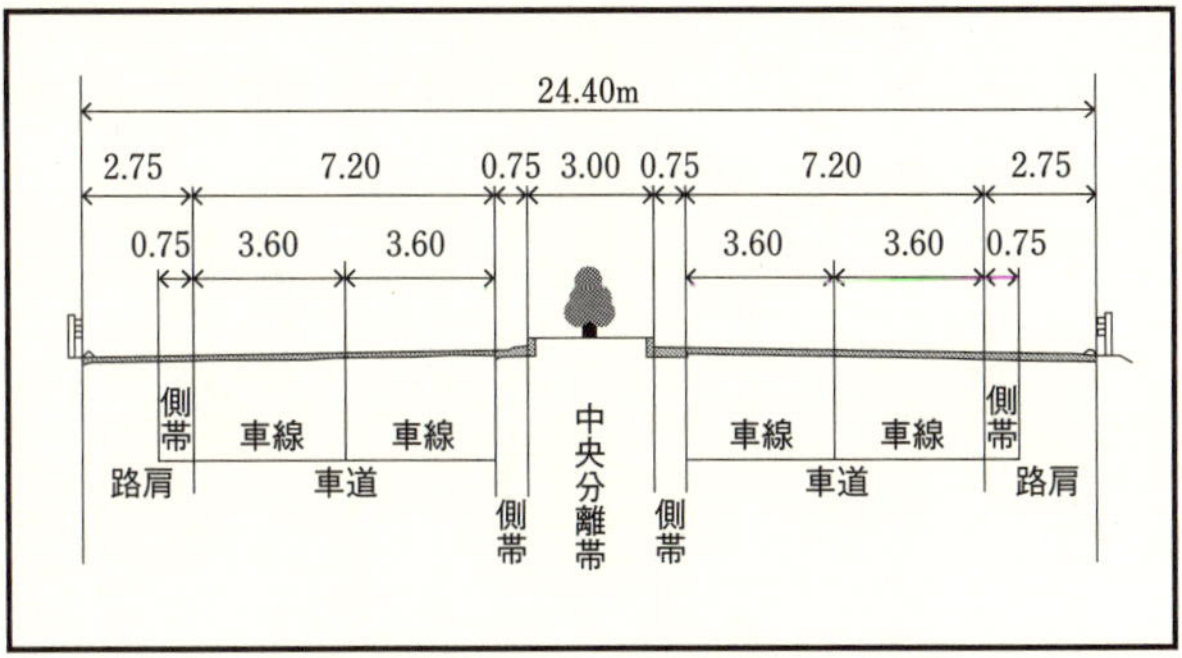

図6—8　名神高速道路の標準的横断構成（片平信貴編『名神高速道路』をもとに作成）

戦後の日本は物事すべてをアメリカに見習った。高速道路も例外でない。高速道路の計画論も、やがてはドイツ・アウトバーンの流れを汲《く》むドルシュの教えに従って大改革を遂げるが、当初はアメリカのターンパイク（有料道路）やインターステーツ・ハイウェイ（州際道路）を手本にするものだった。その一つに名神高速道路の幅員構成がある。日本の道路の基準寸法はメートル法だが、最初に高速道路を導入する時点ではアメリカの基準によった。アメリカの車線幅の基準は一二フィートであるので、これを直輸入して換算した三・六メートルを基準値とした。横断構成の他の部分（中央分離帯や路肩など）はすべてメートル基準である。なおその後、高速道路が全国展開するにあたって、横断構成はすべてメートル基準とすることとなり、車線幅も他の一般国道などと同じ三・五メートルに統一されたが、片側三車線の場合には、中央の車線のみ三・七五メートルとする措置をとり、高速道路の車線幅に余裕を持たせる配慮をしている。

ここで高速道路での施設の名称について、その歴史的由来を説明しておこう。高速道路の施設としてはまずインターチェンジが挙げられる。できればこれを漢字一文字で表現したい。駅という字がすぐに浮かび上がるが、これはすでに鉄道で手あかにまみれているし、まぎらわしい。「道駅」などもすっきりしない。駅がもともと道路のものだったなどとは、当時の関係者が知る由もない。その後、「道の駅」が一般国道など幹線道路の休憩所として整備され、平成二十六年（二〇一四）末で全国で一〇四〇ヵ所に達している。

「インター」との略も「第三インター」など戦前の左翼用語を思い出させるとの古い幹部からのクレームでつぶれ、結局略語の使用は見送りとなり、現在に至っている。英語をうまく使った例では「ジャンクション」がある。本来の英語の意味は交差点でしかないが、これを高速道路相互の分岐・交差箇所に用い、一般道路に乗り降りする普通のインターチェンジと区別したのは賢明であった。

インターチェンジの命名法もアメリカ流儀を採用した。日本では一般に東西南北などは地名の前につける。しかしアメリカでは逆に Oregon-west のように後につける。名神高速道路ではアメリカ流儀を採用した。偶然のことながら名神の場合、後につけることが成功につながった。京都東インターチェンジである。これを従来の方式通りとすれば、東京都インターチェンジになるところであった。

三　全国的高速道路網の展開

高速道路推進の二大潮流とその決着

名神高速道路の着工によって、日本の高速道路はともかくスタートを切った。しかし全国ネットワークの問題は田中精一の運動以来、やや理念が先行するとともに、国会議員の政治活動に巻き込まれていった。昭和三十年（一九五五）六月、超党派の衆議院議員四三〇名によって田中構想を軸に「国土開発縦貫自動車道建設法案」が提案された。中央、東北、北海道、中国、四国、九州の六本の自動車道合計約五〇〇〇キロの建設計画である。

この法案の「自動車道」という言葉は、「高速道路」と対立する概念を持っていた。「高速道路」が米語の翻訳であると同時に戦前の自動車国道計画を継承し、道路網の一環であることを明確に意識しているのに対して、田中構想の「自動車道」には、自動車による全国的国内交通を作るのであるから、まさに国有鉄道に匹敵するもので、道路法に基づく一般道路とは異なり、道路運送法に基づいて建設されるべきであるという思想が根底にあった。そのため、国会の審議と関連して建設省と運輸省との所管争いともなった。

この法案は、中央道が赤石《あかいし》山脈を縦貫するという技術的問題と、道路運送法に準拠するという法的問題の二つの問題を抱えていたために、国会で成立するまでに約二年、五国会を要した。結局、原案の「別表」にあった路線通過位置を外し、各自動車道の予定路線は別に法律で定めることと、新たに「高速自動車国道」という概念によって、これを道路法上の道路として、一般国道（昭和四十年〔一九六五〕四月に統合されるまでは一級国道、二級国道）、都道府県道、市町村道の上位に置き、その建設管理は建設省が所管することにしてようやく決着し、昭和三十二年（一九五七）四月に成立した。

自動車道と高速道路という二つの考え方は、高速自動車国道という新たな概念に統合され、この縦貫道法成立時には、建設計画としての国土開発縦貫自動車道を含む「高速自動車国道法」も制定された。建設省の作戦勝ちといってよい。

建設省は、国土開発縦貫自動車道建設法の規定に基づき、小牧《こまき》・神戸間について、昭和三十二年（一九五七）十月に日本道路公団に施行命令を出し、ここに名神高速道路の建設が始まった。

名神高速道路は着工したものの、そこから東の東京までを開発優先の中央道とするか、経済効率優先の東海道とするかは、依然として決まらなかった。ワトキンス調査報告書（一九五七年）は、「比較すべき計画ではなく、それぞれ異なった根拠で有益である」との見解を示した。建設省事務当局は一貫して、技術面、財政面から東海道案を支持していた。後年のことになるが、私は建設省自らが実施した中央道の調査報告書を見る機会を得た。その内容は実に緻密《ちみつ》で、実際に施工の問題点を洗い出し、その実現のための方策を検討しており、仮に着工となれば、ただちに実施できるような入念な調査であった。否定のために調査報告書を作成するという態度は一切認められず、その真摯《しんし》な対応に畏敬《いけい》の念を覚えたものである。東海道との比較は、あくまでも経済的優先度の比較であって、技術的な面やその他の諸事情を踏まえた適切なものであったことを裏付けた思いである。今日の知見からしても、中央道の実現性はきわめて高いであろうと思えた。

話は戻るが、昭和三十五年（一九六〇）に、新たに東海道幹線自動車国道建設法案が議員立法される動きが出てきたことで、中央道派は激しく反発した。結局、両派の妥協によって、同年には東海道幹線自動車国道建設法と中央道予定路線法が成立し、両者同時着工の形となった。しかし、それでは問題は収まらなかった。翌年度の昭和三十六年度（一九六一）予算編成で、経済企画庁が東海道・中央道の同時着工に難色を示した。建設省は翌昭和三十七年（一九六二）、中央道の東京・富士吉田《ふじよしだ》間には施行命令を出したが、そこから先は保留した。東海道の東名高速道路には、次々と全線にわたって施行命令が出された。

中央道派の総帥である参議院議員の青木一男は、戦前に大蔵大臣を務めたこともあり、東京・名古屋間に二つの高速道路を同時に建設することは困難であり、仮に財政上許されるとしても、地域間均衡のため他の地域が看過しないだろうと危機感を強めた。このままでは中央道の全線開通は夢で終わると憂慮し、ヨーロッパのモンブラン・トンネル視察をきっかけに、建設省の進言を受けて、中央道のルートを赤石山脈直通ではなく、諏訪回りとすることを決断して地元を説得した。昭和三十九年（一九六四）に中央道予定路線法改正案が成立し、最終的な決着に至った。

高速道路の黎明期《れいめいき》における田中精一の国土復興に寄せる理想と類《たぐ》いまれな実行力とを引き継いで事にあたった青木一男の、冷静かつ果断な判断と実行力に、すぐれた政治家・指導者としての資質を見ることができる。

全国的高速道路網の展開

中央道か東名高速かの選択に揺れている間にも、高速自動車国道建設の要望は全国各所で起こり、単独立法が次々と成立した。その状況を受けて、政府は「国土開発幹線自動車道建設法」を立案して国会に提出した。これは先の国土開発縦貫自動車道建設法の一部改正法案で、中央、東北、北陸、中国、九州のいわゆる縦貫五道を軸に、全国の都道府県を結ぶ高速道路網として、三二路線、総延長七六〇〇キロに及ぶ計画である。完成すれば半島や山岳地帯などの特殊な地域を除く全国各地域から、おおむね二時間以内にいずれかのインターチェンジに到達できるものとされ、昭和四十一年（一九六六）六月に可決成立を見た。

この自動車道路網は、毎年二〇〇～二五〇キロの開通をベースに建設が進められた。さらに昭和六十二年（一九八七）には「第四次全国総合開発計画」、いわゆる四全総の決定と同時に、建設省は高規格幹線道路網を策定し、既定の七六〇〇キロの国土開発幹線自動車道と一八〇キロの本州四国連絡道路のほかに、新たに全国四九路線、六二二〇キロを加え、総計一万四〇〇〇キロの高規格幹線道路網を選定した。このうち、高速自動車国道は一万一五二

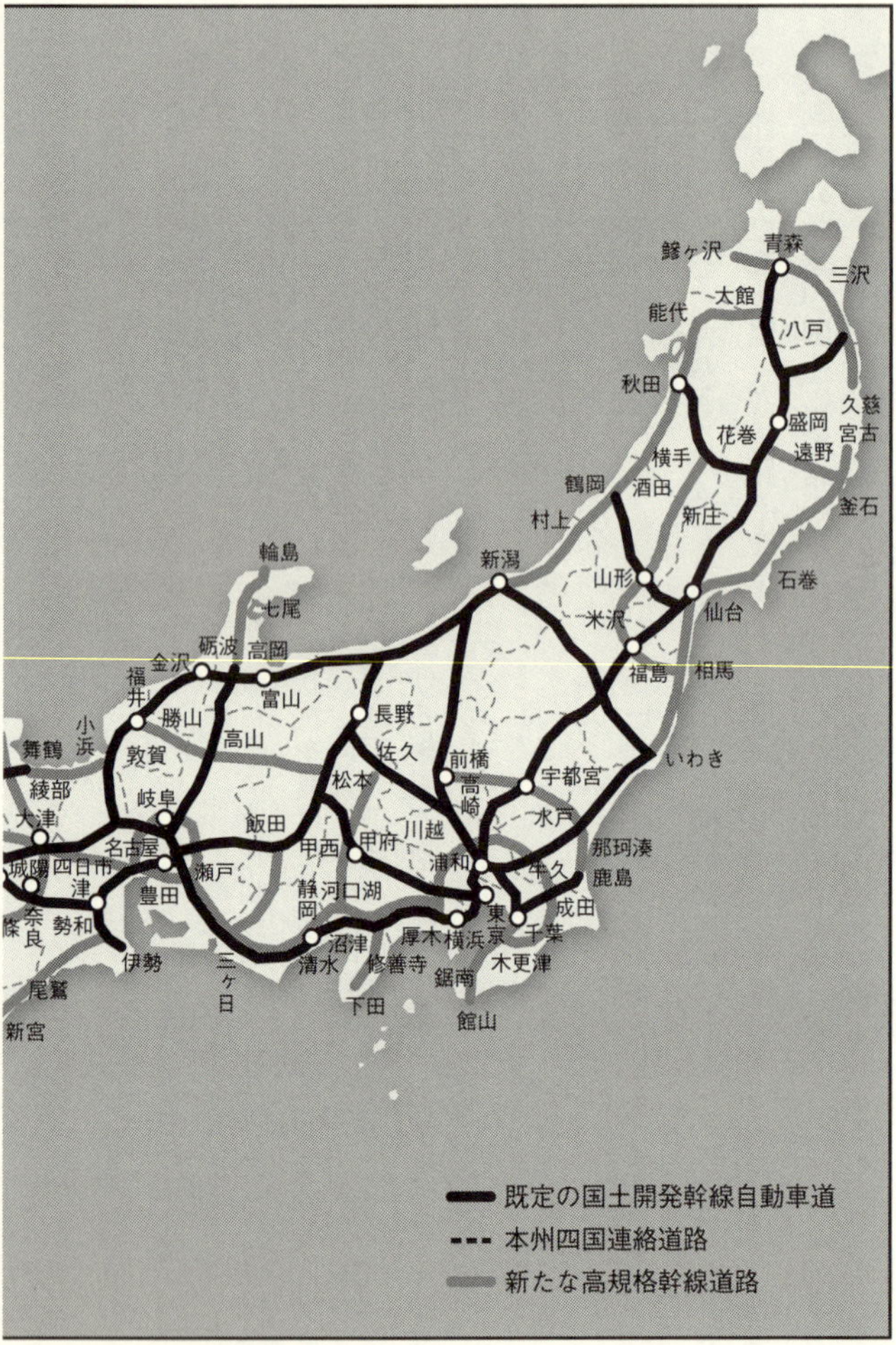
鰺ヶ沢
青森
三沢
大館
能代
八戸
秋田
久慈
盛岡
宮古
花巻
遠野
横手
鶴岡
酒田
釜石
新庄
村上
輪島
新潟
山形
石巻
七尾
米沢
仙台
砺波
高岡
金沢
福島
相馬
福井
富山
長野
小浜
勝山
舞鶴
高山
敦賀
佐久
いわき
前橋
宇都宮
綾部
松本
高崎
岐阜
大津
飯田
水戸
川越
名古屋
甲西
甲府
那珂湊
城陽
四日市
浦和
牛久
鹿島
津
瀬戸
静岡
河口湖
東京
成田
豊田
奈良
勢和
厚木
横浜
千葉
沼津
伊勢
清水
修善寺
木更津
三ヶ日
鋸南
尾鷲
下田
館山
新宮
既定の国土開発幹線自動車道
本州四国連絡道路
新たな高規格幹線道路

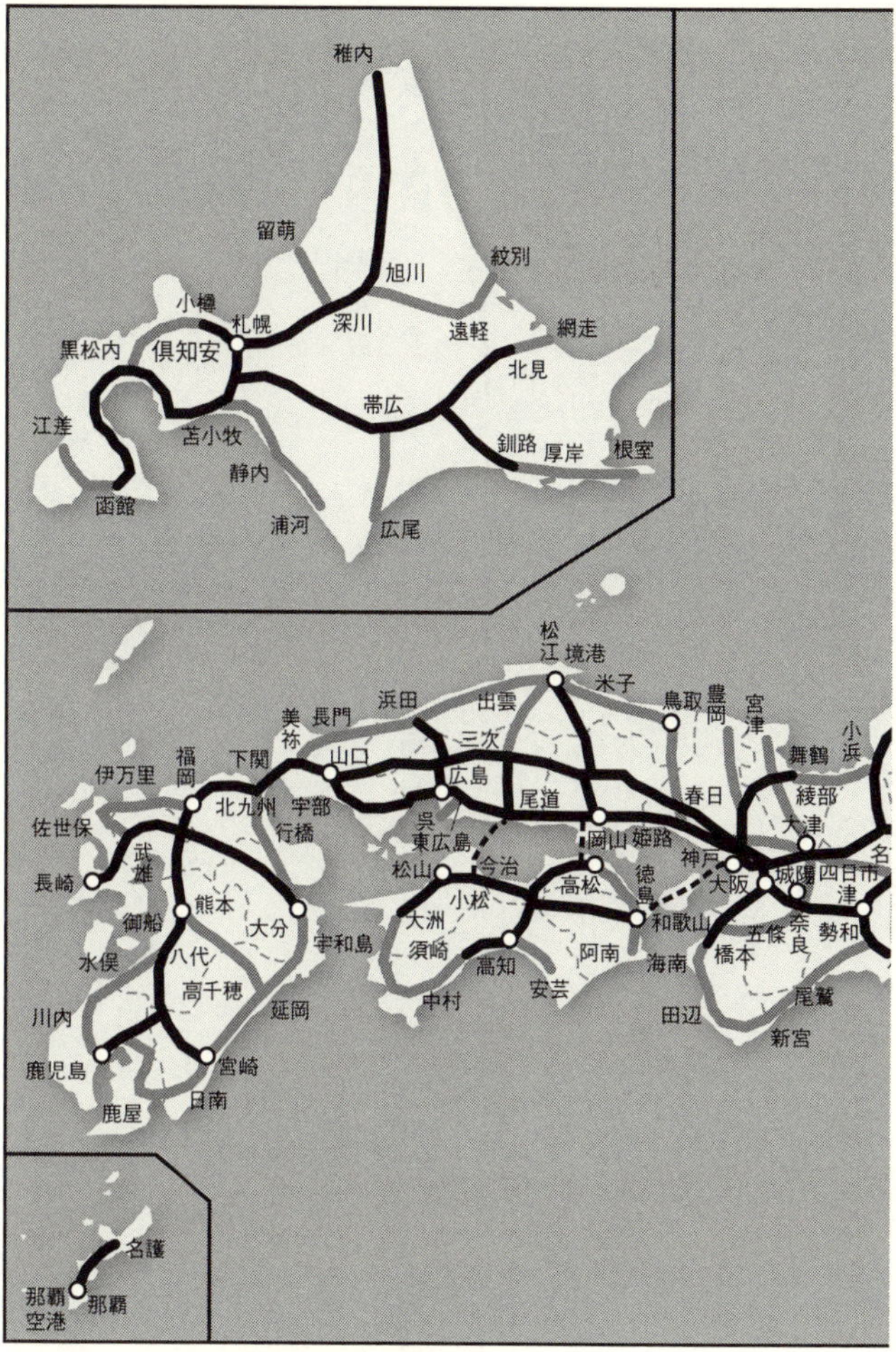

図6—9　国土開発幹線自動車道網と高規格幹線道路網の計画図

〇キロである。

現在でも日本の高速道路網計画といえば、これを指すものとされるが、その根幹をなしている七六〇〇キロの国土開発幹線道路網は、先述したとおり古代駅路とも大筋において一致しており、私はこれが日本の基礎道路網だと考えている。これは平成二十六年（二〇一四）現在で、北海道の一部を除き、すべて完成している。

戦後の道路構造の歩み

戦後の道路について、技術的な側面から道路構造令を追ってみよう。最初の道路構造令の改正は昭和三十三年（一九五八）のことであるが、実情としては戦後のかなり早い段階で改正の動きが始まり、昭和二十七年（一九五二）には第二次修正案まで出来上がり、現場にはできるだけ第二次案を採用して工事を進めるように通達が出されていた。しかしこれには法的な拘束力がなかったので、現場を預かる工事事務所長によっては、旧来の構造基準によって改良工事を進める者もいた。たまたま新装なったある区間で、連合国軍車両の転覆事故が起こった。多分サイドカー付きのオートバイであったかと思う。改良区間にもかかわらず、ガリ版刷りで配布されていた新しい構造令第二次案を適用しなかったため、曲線に片勾配がつけられておらず、それに起因した事故だった。当時、関東地方建設局の構造令担当の一員だった私は、新しい構造令第二次案を適用していればこんな目には遭わなかったのにと、現場の事務所長の判断をなげいたものだった。

いっぽうで、先進的に取り組む者もいた。関東地方建設局三国《みくに》国道工事事務所に配属された浅井《あさい》新一郎《しんいちろう》（後に建設省道路局長）は、ほとんど新設同様だった国道一七号の改良工事に第二次案を積極的に適用し、カーブの始終端に挿入すべき緩和曲線にクロソイド曲線を用いた。ただその用い方は、ドルシュ流のクロソイドではなくて、あくまでも緩和曲線としてのものだったが。この国道は昭和三十三年（一九五八）に完成し、後に日本最初のクロソイド曲線を使用した道路として、群馬県側の沿道にクロソイド曲線碑が建てられた。

昭和三十三年に公式実施された戦後はじめての

図6—10　クロソイド曲線碑（群馬県みなかみ町永井）（写真・永田太）

表6―1　昭和33年の道路構造令改正における構造基準の区分と適用

地域	区分	設計速度(km/h)		単位区間自動車交通量(台/日)		
		平地部	山地部	7000以上	2000以上 7000未満	2000未満
地方部	第1種	80	60	◎	—	—
	第2種	70	50	○	◎, ○	—
	第3種	50	35	—	—	◎, ○
市街部	第4種	50		◎, ○	◎, ○	◎
	第5種	30		—	—	○

記号　◎一般国道に適用する。
　　　○都道府県道、市町村道に適用する。

道路構造令改正と、その一二年後に実施された昭和四十五年（一九七〇）の道路構造令改正が、いわば戦後日本の道路を形作る大改正であるので、両年の改正の骨子を語っておこう。まず昭和三十三年の大改正だが、これまでの構造令がすべて国道や県道のように道路の行政的格付けごとに区分を定めていたのを改めて、交通工学的に決めた区分に基本となる設計速度を定め（表6―1参照）、それぞれの道路は区間を区切って適用区分を定めることとした。

また、この時点ではまだ触れられていない都市間高速道路および都市高速道路を含め、道路法上の道路はすべて包含されるように構造基準の規定を改正したのが、昭和四十五年の改正である。

四　安全への戦い

「聞いてくれ『魚勝』の歎きを」

戦後の日本において、道路整備の第一の使命は貧しさからの脱却であった。生産への寄与を最優先とし、自動車が通りやすい道路にするための改修が行われ、歩く人のことはほとんど無視されてきた。加えて戦後の急激な自動車台数の増加は、当然のように交通事故の増大を招いた。戦後の昭和二十一年（一九四六）に四四〇九人であった全国の交通事故の死者数は昭和三十四年（一九五九）には一万人に達し、「交通戦争」の言葉も生まれた。

その前年の昭和三十三年（一九五八）一月、東京都文京《ぶんきょう》区本郷の東大赤門前の歩道上で、東大の学生でサッカー部の主将でもあった一青年が当時「神風タクシー」と呼ばれた暴走車にはねられ即死した。数日後の有力紙は「聞いてくれ『魚勝』の歎《なげ》きを」と題する記事で大きく取り上げ、すばらしい息子を一瞬にして失った魚屋の悲しみを訴えた。これは交通安全問題へ世論を向けさせる一つのきっかけとなった。

当時、関係者の間でいわれたのが「3E対策」であった。交通安全には少なくとも三方面の対策が必要だとされ、それぞれの英語の頭文字がEであることから、3E対策と呼ばれた。すなわち教育（Education）、法制（Enforcement）、および技術（Engineering）である。教育は、歩行者と車の運転者の双方に必要であり、特に歩行者は小学生から高齢者までの幅広い層にわたる。第二の法制は交通取り締まり面の対策で、第三が安全に関する技術である。これらも広範な多面性を持っている。そもそも高速道路の整備なども交通事故の防止に大きく貢献する。ここでは交通安全施設の推移を見ていこう。

交通安全施設には公安委員会、つまり警察の設置するものと道路管理者である国や地方自治体などが設置するものとがある。警察の設置するものは、いわゆる交通信号機が主なものである。これに対して、道路管理者が設置するものは、歩道や立体横断施設（横断歩道橋や地下横断歩道）、道路照明、防護柵《さく》あるいは各種の道路標識や道路情報装置など多彩であり、歴史的にも変化している。以前は立体横断施設の設置が主流であった。しかし、これは自動車優先であって歩行者に一方的に負担を強いるものとして、今日では横断歩道を復活して、歩行者の負担軽減を図る場合もあり、考え方は多様化している。また歩道というと、今日ではどこでも設けるのはごく普通のことのように思えるが、実は都市部の街路の歩道の規定は昔からあるが、地方部ではその規定すらなかった。これは昭和四十五年（一九七〇）の戦後二回目の道路構造令の改正の際にはじめて設けられ、日本道路史上画期的なことであった。

交通安全の指標の一つとして交通事故死者数を取るならば、戦後急増していたその数は、国民的な要望に応える各種の施策の結果、昭和四十五年の一万六七六五人を頂点として次第に減少し、シートベルト着用の義務化、飲酒運転の厳罰化、自動車の安全機能の向上なども あって、平成二十六年（二〇一四）は四一一三人となり、一四年連続で五〇〇〇人を下回り、過去最悪であった昭和四十五年の死者数の四分の一以下になった。今後もさらに漸減することが期待される。

飛騨川事故の教訓

これも事故であるが、むしろ災害といったほうがよいかもしれない。昭和四十三年（一九六八）八月十八日、折から襲ってきた台風によって、岐阜県の飛騨川《ひだがわ》に沿って走る国道四一号が各所の崩落事故によって寸断され、立ち往生した一五台の観光バスのうち二台が土砂崩壊に巻き込まれて川中に転落し、一〇四名の人命が失われた。

それまでは、ややもすると自然災害は不可抗力であり、道路管理者の責任ではないと考えられてきたが、飛騨川事故についての司法判断は、道路管理者の責任を重く見て、損害賠償を認めるものだった。これをきっかけに、道路管理者は危険防護施設を備えるだけでなく、防災点検を定期的に実施して、異常気象の発生で危険な状態が予想される場合には、あらかじめ通行止めの措置をとることとなった。「どのような場合でも道路は通行止めにしてはならない」という、それまでの道路管理者の対応を一八〇度転換したものであった。

道路の安全率をどうとらえるか

交通事故の問題を考えるときに、注意しなければならないのは、事故に対する高速道路の効果を過大評価しないことである。高速道路と一般道路では事故率は一対一〇であるという。この場合の基準は走行台キロである。つまり、高速道路を一台の車が一〇〇キロ走ったとき、事故に遭う確率は、一般道を一台の車が一〇〇キロ走ったときの一〇分の一にすぎないとする。高速道のほうが一〇倍安全なのである。しかし、高速道路での走行速度を仮に時速一〇〇キロ、一般道路は五〇キロとするならば、走行している当事者としてみれば、事故率の比較は走行距離あたりでなく、走行時間あたりにしてもらいたいだろう。なぜならば実際には、同じ時間なら同じ距離の場所に行くのではなく、高速道路に乗る場合、二倍の距離の場所に行くのが普通だからである。

新しい高速道路ができると、その区間に並行する一般国道と新規の高速道路を合算した交通量は、一・三〜一・五倍程度に増加するのが普通である。これは誘発交通量とか開発交通量などと呼ばれるが、同じ時間で行けるところまで足を伸ばす現象として現れる。もしトラック運転手などのように職業として運転している場合ならば、時間が短くなっただけ往復回数を増やすであろう。運転者の立場からすれば、安全率は距離ではなく時間で計ってもらいたいはずである。

この場合に限らず、事故率は一般に走行距離あたりで計られる。しかし人間が一生のなかで交通に割り当てる時間はさほど変わらないだろう。私はこれを、「交通時間一定の法則」と呼んでいる。一日に人が交通に充てる時間は、徒歩だけが頼りの原始時代も、飛行機で飛び回る現代も、さほど変わっていないと思われる。人間は多分同じ時間で行ける距離だけ先へ行くのであって、これまでの目的地で降りて、短縮時間を別の行為に充てたりはしないだろう。業務ならば高速道路を使えば二回行けるのであって、時間を無為に捨てたりはしない。つまり高速道路と一般道路の事故率は一対一〇ではなく一対五と考えるべきである、というのが私の結論である。ある意味では、高速道路上の時間はそれだけ価値が高いと考えたい。

フランスの哲学者アランは、その著書『幸福論』のなかの「速力」という一話において、乗客たちが節約された一五分を無駄話などに消費してしまうと嘆くが、これも時間価値というものの評価が十分にされていないことへの警鐘かもしれない。

五　試練に立つ環境との相克

自然環境と歴史環境

世界に道路の数は多いが、名神高速道路ほど周囲にすばらしい景観を持つ道路は他にない。したがってこのように風致にすぐれた地帯を通る区間では、できるだけ風景との調和を図らねばならない。風景の美しさと高速道路の近代的で優雅な線形の融合、いいかえれば、自然と人工的に築造された高速道路との完全な調和が実現した場合、高速道路は非常に価値のあるものになる。

(『クサヘル・ドルシュ報告書』)

これは名神高速道路の技術指導をしたドルシュが残した言葉である。彼は日本の景色の穏やかな風情を愛し、その風土的景観を損なわないように、場合によってはそれを一層際立たせるように高速道路を造ることを心がけて指導した。ただ、道路と自然環境との調和はドルシュの提言を待つまでもなく、すでに考え方自体としては日本のなかにも存在していた。観

図6—11　西明寺参道　写真中央が橋になっており、その下を名神高速道路が通る（滋賀県甲良町池寺）

光道路として造られた日光いろは坂道路やその他の山岳道路の建設の際に、自然をできるだけ傷つけない、美しい風景の鑑賞に望ましい道路が求められていた。

　歴史環境との調和も大事である。それを具体的に実践したのが日本道路公団の初代総裁岸道三《きしみちぞう》である。岸は同和鉱業副社長から政府の要請を受けて総裁に就任した。昭和三十一年（一九五六）四月のことである。岸は戦時中に近衛《このえ》文麿《ふみまろ》首相の秘書官をしたこともあって幅広い人脈を持ち、名神高速道路の建設への世論喚起のために著名人を建設現場へ招待するなどの活動を盛んにした。同時に自ら建設現場に赴き、たとえば京都と大阪の中間に建設中であった桜《さくら》井《い》パーキングエリア（P

A）について平安時代の歌人、待宵《まつよい》の小侍従《こじじゅう》の墓とそれを囲むように生えている三本の松を保存するため計画の変更を命じたりした。名神高速道路の六車線化の際に、小侍従の墓は近くの高速道路沿いに移され、現在は地元自治体によって管理されている。

また、滋賀県の湖東三山の一つ西明寺《さいみょうじ》の門前をよぎる部分では、参道の景観が損なわれないように道路構造を工夫して地下化するよう指示したりした。

それらのことから、部下であるわれわれは事前にそうした配慮をするように心がけることとなった。岸は直接の部下である理事や部長には厳しく接したが、若い職員には温容をもって接した。そのため、若い職員の間には人気があり、今風《いま》にいえば岸チルドレンが生まれた。私もその一人だった。

生活環境と住民運動による試練

生活環境の問題が日本社会を揺るがすようになったのは、昭和四十五年（一九七〇）夏のことである。東京の環七通り近くの高等学校の校庭で生徒が目や喉《のど》に痛みを感じ、これが光化学スモッグによるもので、さらに自動車の排気ガスによるものではないかとの指摘から、道路交通と公害の関係がにわかに社会問題となった。

ちょうどそのころ、東京では日本道路公団の手で高速道路の工事が進行中であった。中央自動車道の始点である高井戸《たかいど》・調布《ちょうふ》間の工事である。すでに山梨県側から調布ＩＣまで開通していて、環八通りを経て首都高速道路四号線と接続する予定だった。高速道路反対の住民運動が急速に高まったのは中央自動車道の起点に近い世田谷《せたがや》区烏山《からすやま》地区で、東京都が売り出した住宅団地のなかを高速道路が通過する予定であることを、東京都が入居者側に全く知らせなかったことに端を発した。当時の東京都知事美濃部《みのべ》亮吉《りょうきち》は、住人が一人でも反対したら橋は架けないと発言したため住民は勇気づけられ、マスコミもそれに同調した結果、工事の中止を余儀なくされ、再開まで三年を要した。

私はそのころ、当該区間を担当する道路公団の建設局の部長として住民との折衝の責任者の立場にあったので、まだ十分な対策を持たない当局側にあって、板挟みの苦労を味わった。今では当たり前になっている遮音壁対策も、これでは日本中が遮音壁で埋まってしまうという危惧《きぐ》が当局側にあり、抜本的な施策は打ち出せないままに推移した。

施行者側は最終的な解決手段として、問題の団地通過部分を全面的に覆うシェルター構造を提案したが、今度はシェルターの出入口周辺の杉並《すぎなみ》区高井戸地区の住民が公害の移転だと反対するなど、複雑な様相を呈してきた。

しかし事態は思わぬ形で展開した。中央道の工事中止が別の社会問題を引き起こしたのだ。山梨県方面から来た高速道路の車が工事中止区間手前の調布ＩＣで強制的に下ろされるため、周辺が交通渋滞に巻き込まれたのである。こうして早期開通の要請が各方面で強くなってきた。一時は強制着工の動きもあったが、住民側の要請を受けた社会党と共産党の代議士が仲介役となり、新任早々の亀岡高夫《かめおかたかお》建設大臣とトップ交渉して、代議士側が住民側を説得することを条件に強硬手段を控えたこともあった。幸い、烏山・高井戸問題は、ともかく三年あまりの年月を経て、双方に不満を残しながらも解決し、開通の運びとなった。

このような環境問題にからむ紛争は、各地で続発した。これらの解決策の一つとして建設省が提示し、実施されたものの一つに環境施設帯がある。道路の外側に一〇～二〇メートルの用地幅を取り、そこに植樹帯や遮音壁を設ける施策で、道路交通に必要な幅員以外に環境保全のため余地を設けることは、これまでに例を見ない施策であった。

また、これらの教訓から、道路建設のみならずすべての公共事業において、事前の環境影響評価とその公表などの一定の手順を踏むことによって、不測の事態が生じないように配慮されることになった。

図6—12　透明アクリル板を使用した遮音壁（東京外環自動車道）

道路景観に新風を吹き込んだ「塀の美学」

公害問題に端を発して、日本の多くの高速道路は、延々と続く巨大な遮音壁を持つようになった。それは現代の万里の長城ともいえる存在感を持っている。しかし、その最初の姿を知る者にとっては、まさに隔世の感があるといってよいほど美しく、巨大な存在もそれなりに地域に融合しているように見える。

遮音壁は、最初は「必要悪」の存在と見られた。だからできるだけ金をかけないで済まそうという意識が関係者の間に生まれた。なるべく費用をかけず、できればいつかは外してしまう臨時の工作物、というとらえ方だった。そこに新しい価値観を持ち込んだのが篠原修《しのはらおさむ》（後に東大教授）である。それは「塀の美学」と称するものだった。篠原がまだ若い修行時代だったが、高速道路の遮音壁のデザイン検討委員会の一員となったとき、それを提唱した。日本には昔から塀に対して世界の他の国には見られない特別な美意識があったとして、江戸時代の白壁の土塀に黒灰色の屋根瓦《やねがわら》を載せた、いわゆる武者塀《むしゃべい》をイメージした遮音壁のデザインを提案したのである。

遮音壁を余分な存在としてではなく、あるべきものとして受け入れるというこの考え方は、遮音壁の設置担当者にその後広く浸透して、道路の内側を包み込むような形態の、時には外光を入れるための透明アクリル板などを使用したデザインが定着した。

埋蔵文化財との調整

高速道路が調整を必要とする異質文化の一つに埋蔵文化財がある。縄文時代以前から人びとはここ日本の土地に居住していたのであるから、遺跡の上を高速道路が通過しようとする場合はしばしばある。

名神高速道路の場合は、幸いにして大きな調整を必要とする場面は存在しなかったが、東名高速道路や中央自動車道、さらには全国的な展開を見据えた縦貫五道（全国幹線自動車道）に至って、問題が大きくなった。文化財を取り仕切るのは文化庁で、個々の対応は都道府県

図6—13　荒屋敷貝塚の直下をトンネルで通る京葉道路

教育委員会であるが、文化財にも重要度に差がある。現在は、その重要度に応じて、たとえば史跡指定地や重要な埋蔵文化財包蔵地は路線通過を外し、その他の場合は記録保存にとどめるなどとされていて、大きな問題は生じないが、昭和四十年代には各所でトラブルが発生した。

遺跡保存のためトンネル構造に変更することになった例として、塚原古墳群《つかわら》（熊本市南区）に遭遇した九州自動車道では供用開始が二年遅れ、工事費が二六億円増加した。高速道路ではないが、京葉《けいよう》道路（第四期）では、荒屋敷《あらやしき》貝塚（千葉市若葉《わかば》区）の保存のためにやはり構造をトンネルに変更し、供用が二年遅れ、工事費も二四億円増加するなど、苦しい対応を迫られた。それ以後、次第に文化財保護側と道路建設側との相互理解が進み、事前に十分な情報の交換をするようになって、そのような無駄は消えたようである。

自動車時代への対応

昭和の戦後になって中国と日本とは、新たな隣国関係に入った。一九〇〇年代の後半には、日本は技術援助などの立場に立っていたが、二十一世紀に入るころから、急速に経済発展した中国は、日本を圧倒する国力を示しはじめた。その当時、ある省で、以前に高速道路の技術指導に赴いていた経験のある私は、すでに自力で高速道路を盛んに建設しているかつての教え子である相手方の技術者の一人に、こう質問された。「中国が今後道路を造っていくとき、どんなことに気をつければよいのか」と。私は即座に答えた。「それは自動車の排ガス規制を強化することですよ。もし中国が日本と同じ自動車保有率になれば、実に七億台の車の排ガスが日本を襲うのですよ」。よほどしっかりした対策を取ってもらわねば、日本は大変なことになる、と警告したのだが、今やすでに自国内で危機に襲われているようだ。

果たして人類は、どのようにしてこの危機を乗り越えるのだろうか。もちろん、これは中国だけの問題ではない、地球全体の問題でもあるのだ。今後、燃料電池車や電気自動車の開発の推進など、環境技術のさらなる向上が求められるだろう。

終章　日本を支えるシステムとしての道

道路とは何か――構造と機能

「道路とは何か」、そう改まって聞かれると、返答に窮する。日本の道路に関する基本法である道路法でも、そう明快には書かれていない。そこで一般の辞書などをひもとくと、まず『広辞苑』では道路を次のように定義している。

道路＝人や車両の交通のために設けた地上の通路

これではほとんど言い換えにすぎないから、ユニークな解釈に定評のある『新明解国語辞典』を見ると、

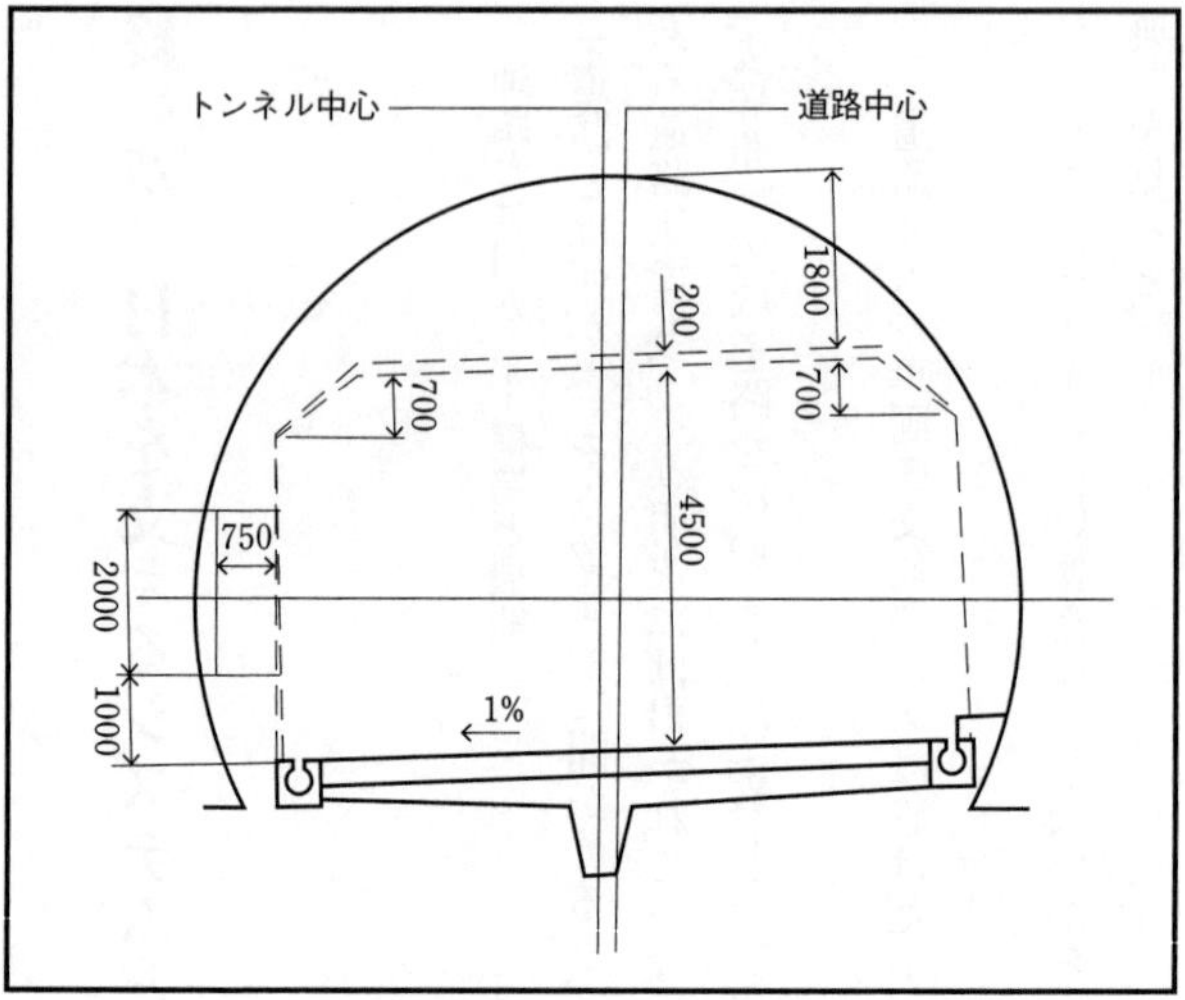

図7―1　トンネルの建築限界

道路＝人や車などが自由に行き来できる、公共の施設としての道

とある。そこで同じ辞典の「道」の項目を見ると、

道＝地面のうち、人や動物が往来を繰り返すうちに踏み固められた、ある幅を持つ長いつながり

とあって、ようやく物の形が示された。要は、地上の長いつながり、との解釈を得た。しかしこれだけでは、本当の意味での物理的な役割を表してはいない。そ

こに人や物が移動できる空間が確保されていなければ、つながりだけでは役に立たない。
そのことを法律上で書かれたものは何もないが、ただ道路構造令のなかで建築限界が辛うじて、その意味を体現している。建築限界とは、定められた一定範囲の空間には何物も設けることができない範囲で、ここには分かりやすいようにトンネルの場合の例を挙げた（図7—1）。つまり、この建築限界の範囲は交通のための空間だから、その範囲は何物も設置したり置いたりしてはいけないというものだ。道路の基本的構造としては、まことに分かりにくい説明だ。

ここで改めて「道路とは何か」の回答を示そう。

「道路とは、交通のためにそれに耐える基盤を持ち、その上に一定の空間を連続的に備えた帯状の施設」

道路というのはまた、国の成り立ちと同様に緊密な組織を持ったシステムである。国の行政が、まず政府があって、これを支える都道府県の組織があり、さらにその下に市町村自治体があるように、道路もまたトップに高速自動車国道、一般国道、都道府県道、市町村道の階層秩序を持って構成されている。そのことは昔から変わらない。もとより、古くはそれほど細かい秩序はなかったけれども、トップには国の権力者が作った、古代でいえば七道駅路

図7—2　道路啓開（岩手県陸前高田市）（写真提供・国土交通省東北地方整備局）

のような全国的な組織があり、それぞれ地方でそれにつながる道があった。道とは、常にこうしたシステムを形成しているのだ。

先年、道路の役割を鮮明に描き出す光景があった。「道路啓開《けいかい》」である。この言葉は文字通り「道路を切り開く」ことを意味するが、本来は災害用語であって日常会話で使われることはほとんどない。この耳慣れない言葉を、久し振りにニュース記事で目にした。平成二十三年（二〇一一）三月十一日に発生した東日本大震災で壊滅的な被害を蒙《こうむ》った東北地方沿岸部に向かった救援隊の最初の仕事が、道路啓開だったからだ。

大災害が発生したときには、まず誰かが

現地に赴いて、被害の現状を確認し、被災者の救出や救援のための通路を確保しなければならない。現代の災害救援では航空機やヘリコプターに頼りがちだが、東日本大震災では大津波のために飛行場が使用不能になっただけでなく、ヘリを安全に着陸させる場所すら容易に見つからない事態に陥っていた。被災者のいる現地へたどり着くには、がれきの積み重なった道路を切り開くしかなかった。

地震発生直後、地域の道路を総括する国土交通省東北地方整備局（仙台市）では、ヘリで津波の到来を含めた現地状況を確認すると、ただちに道路啓開作業を開始した。整備局では地元の建設業者とあらかじめ協定を結んでおり、いざという場合にはそれぞれ緊急の道路啓開チームを出すことになっていた。出動できる人員と機材をかき集め、作業員十数名で一チームを編成し、それぞれに整備局の職員一名がリーダーとなって内陸部から出発した。各チームはそれぞれバックホー（ショベル型の溝掘機）やブルドーザなどの重機を先頭に、最低でも一車線幅の道を切り開いていかなければならない。

東北自動車道と国道四号は一部に損傷を受けたものの、応急手当でともかく機能を保つことができた。これを縦軸のラインとして、五二チームが徹夜で作業を進め、翌日には横軸として一一本の道路を沿岸部まで啓開し、四日目の十五日までには、さらに四ルートを確保した。この方式は「くしの歯作戦」と呼ばれた。沿岸部に到達したら、今度は沿岸部の国道六号（仙台以南）と国道四五号（仙台以北）を啓開して、地震発生一週間後の三月十八日には内陸部との交通路はおおむね確保され、緊急の「くしの歯作戦」は終了した。

もう一つ、第二章でも述べたが、今度の大災害で使われた言葉にリダンダンシーという言葉がある。リダンダンシー（redundancy）とは、余裕とか重複、ITの世界では冗長性などとも訳されている。一見余分なように見えるが、いざとなったときに役立つ機能という意味で、道路についていえば、ネットワークに重複性を持たせ、一ヵ所が破断しても、どこかに必ず迂回路が用意されていることを示す。その後、ある原子力発電所の再開に際して、地元住民から避難路が一本しかないという不安の声が上がっていたが、これも複数ルートがあればリダンダンシーが確保されたといえるだろう。

道路特定財源制度の終焉と道路公団の民営化

道路建設を支え続けてきたガソリン税を主体とする道路特定財源制度に終わりを告げるときがやってきた。平成二十一年（二〇〇九）四月、当時の与党自民党の手によって国会で「改正道路整備事業に係《かかわ》る国の財政上の特別措置に関する法律」が可決成立され、昭和二十八年（一九五三）の田中角栄らの議員立法による「道路整備の財源等に関する臨時措置法」成立以来、五六年にわたる制度に終止符が打たれた。

道路特定財源の推移について、国会での数十年間の攻防を中心に見ていくと次のようになる。はじめのころはむしろ税率を上げてゆくことが課題だった。しかし時代が移り、道路整備が地方まである程度行き渡り、その使途範囲が道路に関連の薄い分野まで広がったころから、財政事情が全体に厳しくなったこととあわせ、これを一般財源化すればもっと必要な分野に使途が広がるとする主張が出はじめた。その一つが、昭和四十九（一九七四）年度に税率が約二倍に引き上げられていたので、仮に道路財源として余裕があるのであれば、まずこの暫定税率を撤廃することが先決であるとの主張である。これは自動車業界や石油業界から主に出た議論であり、当時の野党である民主党が取り上げて、一時はこれが適用されて混乱を生む始末となった。結局は税率そのものを引き下げれば税収が半減することになるので、税率は現行のままで一般財源化することで決着した。

このように、道路財源は新たな局面を迎えたので、今後はメリハリがあり、かつ国民に分かりやすい形での使い方が求められるであろう。

またこれより早く平成十七年（二〇〇五）十月、昭和三十一年（一九五六）以来ほぼ五〇年続いていた日本道路公団も解体して三分割され、東日本、中日本、西日本の三高速道路会社が生まれた。同時に本州四国連絡橋公団と、首都高速と阪神《はんしん》高速の二つの都市高速道路公団も、それぞれ民営の高速道路会社となった。競争原理の働かない地域独占企業体の民営化にどこまで意味があるのか、最近の電力会社で表面化した数々の問題を見ても大いに疑問があるが、とりあえずは、新しい会社経営に取り組んでいる役員・社員諸氏の努力に期待して将来を見守ることとしよう。

市町村道一〇〇万キロは日本の誇り

最新の統計で調べてみると、日本の道路総延長一二一万キロのうち、約八四パーセントの一〇二万キロが市町村道である。日本では、道路はほとんどすべてが公道なのだ。道路法が規定しているとおり、市町村道の認定はすべて当該市町村長に一任されている。その指定について、国土交通省は何の権限も持っていない。市町村長が認定し、当該市町村議会が承認すれば、それで手続きは終わる。市町村長は昔から道として存在しているものはすべて公のものとして認識し、これをわが町、わが村の道と認定しているのだ。都会の路地でも同じことである。

日本は土地が少なく極限まで有効利用するから、そのために道路が必要なのである。日本は「道路王国」ではなく、「道路がなくては生きてゆけない国」であり、「道路を公のものとして大事にしてきた国」なのである。今でも江戸時代の東海道を歩くツアーなども多い。東海道およそ五〇〇キロのうち、地図を片手に歩いてみれば分かるのだが、河川敷だったところを除けば、昔の道路は九九パーセントまでは現在も道路である。昔の道筋をたどれないところはほとんどない。稀に土地区画整理などで昔の道が強制的に変更されている場合もあるが、これはすべて公権力が介在しての話である。日本では昔から道はほとんどすべて公道であった。そして大切にしてきたのだ。たとえそれが帯のように細いものだったとしても。

高速道路網発展の展望

市町村道が道路網の基礎だとすれば、その上に立つピラミッド構造として都道府県道があり、一般国道があり、さらにその上に高速自動車国道がある。一番基礎の話をしたから、トップの高速道路の展望に話を戻そう。

先述のように昭和六十二年（一九八七）に建設省は総計一万四〇〇〇キロの高規格幹線道路網を選定した。うち高速自動車国道は一万一五二〇キロである。

この高速道路網計画が現状でどのくらいの完成度にあるかというと、平成二十六年（二〇一四）七月末現在のデータで確かめられた高速自動車国道についていえば、供用済みが八六三八キロ、うち有料道路区間が八三三二キロ、無料の国土交通省直轄区間が三〇六キロである。予定計画一万一五二〇キロに対する達成率はほぼ七五パーセントである。

もとより、この全体計画が早く達成されることが望ましいが、計画が策定されたのは昭和六十二年のことで、もはや三〇年近く前のことである。その間には東日本大震災もあり、当然に当時の計画では不十分な点も出てきている。それらを計画に取り込み、ネットワーク全体がより有効に機能することを願って、いくつかの点をここで指摘しておきたい。なお、ここでは高規格道路網全体について言及する。

第一は本州外周部のルートの欠落部分の充足である。まず東北地方の太平洋沿岸部では、岩手県宮古《みやこ》市から久慈《くじ》市の間にはもともと計画がない。国土交通省東北地方整備局では、片側二車線ながら一部開通していた高速道路が、東日本大震災で被災者の退避と復興に有効に機能した経験から、計画にない区間を含めて未完成部分を早期に二車線高速として開通させるように計画し、工事を進めている。これで東北地方の太平洋側は、高速道路で完全につながる。後追いながら、正式な自動車国道として、高速道路計画の枠組み内に収めることを望みたい。同様な欠落箇所は鳥取市から京都府北部の日本海沿岸部分にもある。

第二は直通機能の充実である。この高速道路計画においては全体として、列島の沿岸地域でルートが海岸を巡っていることが、予想される今後の大地震あるいは津波への対策として有効であることを確認できる。しかし沿岸ルートがある程度、直通機能を犠牲にしていることは否めない。たとえば紀伊半島先端の新宮《しんぐう》市から近畿地方の中心部に行くのに高速道路を利用しようと思えば、海岸回りの近畿自動車道紀勢線を利用しなくてはならない。しかし現状は奈良県の五條《ごじょう》市あたりに出たほうがはるかに効率的である。このルートには現在、国土交通省の手で地域高規格道路の五條新宮道路の工事が着々と進んでいる。私はこのルートは高速道路の一環とするように手続きすべきものと考える。高速道路として正式に位置づけるには、国会の承認を必要とするであろうが、その手続きを回避してはならない。むしろ、全国的な見直しの必要性を公平な目で判断する機会を設けることがより重要であろう。

同様に直通ルートの地域高規格道路を高速自動車国道に格上げすべきであると考えるのは、高知・松山間の高知松山自動車道である。高速自動車国道の四国横断自動車道は、まさに南海大地震の危険地帯を経巡っている。それを補完すべき直通路もまた、この機会に地域高規格道路から本格的な高速自動車国道に格上げすべきである。同様の事例が、ほかにもあるかもしれない。
少し様子は違うが、大規模な防災対策として考慮すべき路線として、過去に中央道か東名高速かをめぐって焦点になった赤石山脈をトンネルで抜けるルートがある。これを再復活させて、東海道筋の大規模地震に対応すべきだと考える。本来、そのために新東名《しんとうめい》高速道路を造ったのではあるが、用心に越したことはない。それにこのルートは、実際には三遠南信《さんえんなんしん》自動車道や中部横断自動車道、あるいは中央自動車道などにより、かなりの部分が通じており、残すは赤石トンネルを中心とした約四〇キロ程度である。ぜひ再検討してほしいものだ。

なお、出来上がった高速道路についてほんの少し検討すれば、二本の高速道路が近接していて、相互に接続すれば大きなメリットのある場所も少なくない。たとえば、高松自動車道と徳島自動車道などである。利用者や地元地方自治体と国が連携すれば必ず実のある結果が得られよう。

以上、いろいろな提案をしたが、広い視野に立って解決することを望みたい。

このほか、高速道路の技術的改良の面でいうと、トンネル照明と道路照明の分野でＬＥＤ化も着実に進んでいるようだ。さらなる前進を期待したい。

ラウンドアバウト（環状交差点）の持つ意味

ここまでは高速道路の課題について述べてきたが、次は都市交通の話をしよう。平成二十六年（二〇一四）から道路交通法が改正されて、新しく環状交差点（ラウンドアバウト）なるものが登場した。戦前から日本には、交差点の真ん中に丸い島があり、それを取り巻く環状の道路とそれに接続する何本かの道路で構成されるロータリーがあったが、一般の交差点同様に左側の交通を優先するルールであったために、戦後にどこも交通量が激増してくると渋滞を引き起こし、だんだん消滅していった。また、戦後すぐに進駐してきた米軍がロータリーを好まなかった。当時のアメリカの交通マニュアルでは、欧州諸国に比べてロータリーで生じる織り込み（ウィービング）交通容量を過少に設定していた影響もあったであろう。いわゆる第二京浜国道、現在の国道一号のルート上に造られていたいくつかのロータリーも進駐軍の命令で撤去されたようだ。

これに対して、イギリスを主体としてヨーロッパ諸国では古くから数多く見出せるラウンドアバウトが日本で道路交通法の改正まで伴って実現にこぎつけるためには、長い年月を要した。

交差点での車の行動を見てみよう（図7―3）。交差点に同時に進入した二つの車両があったとする（左側通行の場合）。もし二つの車ともそのままま っすぐに進んだとすれば、左側の車に、右側の車が衝突してしまう。交差点における左側車両の優先の原則は、ここから出ている。

ところがラウンドアバウトでは、この原則を逆にしたほうが、つまり進入側よりもすでにラウンドアバウトに入って周回している車のほうに優先権を与えたほうが、全体としてむしろスムーズな運行が期待できることが発見され、普及してきた。このような交通方法には日本でもすでに先例がある。高速道路のインターチェンジなどでの合流方法がそれである。高速道路を走行する右側の車が優先権を持ち、ランプウェイからの車両は本線走行車の妨害にならないように隙間《すきま》を見て合流する。つまりラウンドアバウトの走行方法は、これまでの高速道路で経験しているのだ。必ずうまくいくだろう。

ラウンドアバウトの日本への導入経緯の歴史も、もう二〇年以上になる。当時すでに研究者の一部は留学などの機会を得て勉強していたが、日本に広く知られるきっかけはリンボウ先生こと、書誌学者の林望《はやしのぞむ》が「ラウンドアバウト」という一節を『ホルムヘッドの謎』というイギリス留学の成果を軽妙な筆致で描写した著書に載せたことが始まりである。

その後、何人かの学者が興味を示して普及を訴え、さらにロータリー嫌いのアメリカでも

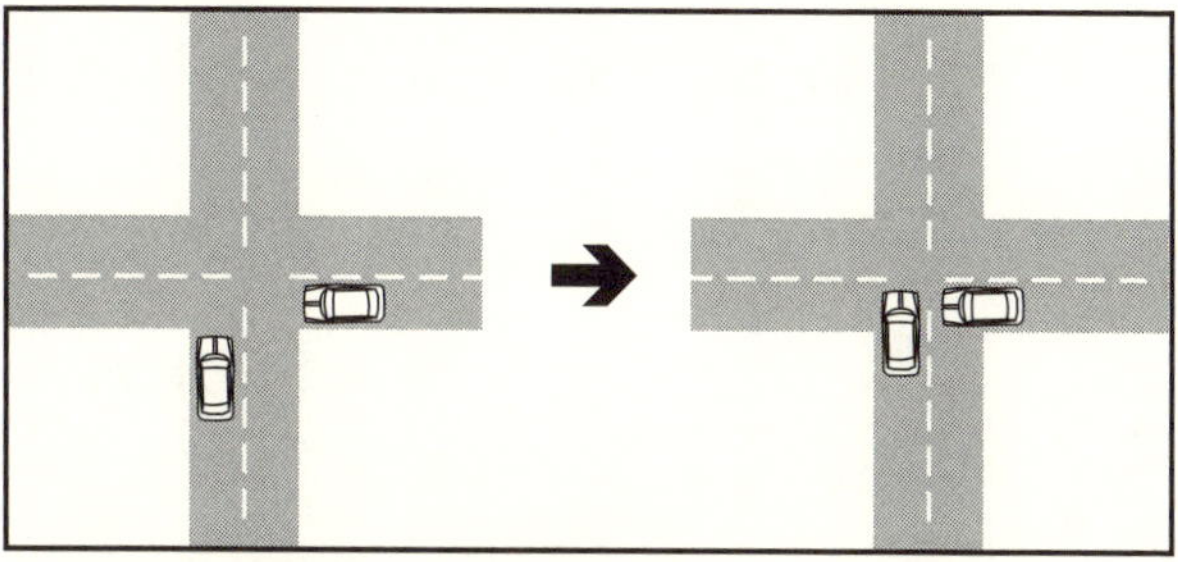

図７―３　交差点での自動車の行動

図７―４　信号機を撤去したラウンドアバウト（長野県飯田市東和町）（写真・毎日新聞社）

近年はかなり増えているというニュースも伝わってきた。それを継続的に研究し、実践的に試行してきたのが名古屋大学教授の中村秀樹《なかむらひでき》を中心とするグループである。中村らは、単なる机上の研究ではなく、国際交通安全学会からの研究資金援助も得て、特に長野県飯田《いいだ》市で継続的に実践した研究を中心としてその成果を公表し、実現に努力した。それらの成果もあって近年ではかなり多数の地方都市での試行的実験を経て、道交法改正に至った。九月一日の道交法改正実施にあたり、当日から全国各地で一五ヵ所が実施に入った。これでラウンドアバウト（環状交差点）内の環状道路走行の車両の優先権が確立し、実際に全国各地で運用が開始されると、その経験を踏まえて、さらに各地での実施が加速されるであろう。

道路空間の新しい広がり

同じく平成二十六年（二〇一四）三月に戦後の長い懸案であった東京都環状二号道路の一環として、街路の新虎《しんとら》通り約一キロを完成させたが、この道路では、主要部分の一部を地下道として新築ビルの地下を通過させることに成功した。傾斜する車道を建築物のなかに通すため、占用手続きも困難であったようだ。建築物のなかに道路を占用させたものである。

この機会に、道路空間を逆に建築物に占用させる道を開きたい。具体的には、高速道路のサービスエリア（SA）における建築の問題だ。SAの食堂などの建築物を、SAの中央を通過する高速道路の上空に橋を架けて設置し、上下線どちらの側からもアプローチできて、かつ利用客には高速道路交通の展望を与えようとする形式で、オーバーブリッジ型レストランといい、欧米では広く用いられている形式だ。

昭和三十三年（一九五八）に名神高速道路の建設が始まったとき、四ヵ所のサービスエリアが設けられ、それぞれ著名な建築家に計画と設計が委嘱された。その一人、丹下健三《たんげけんぞう》は自らが割り当てられた多賀《たが》SA（滋賀県）にこれを建てたいと提案した。しかし、道路当局側の許可が得られず、実現しなかった。今もエリアの中央に斜めに歩行者用のオーバーブリッジが残されているが、あれは丹下の執念の残滓《ざんし》である。

同じことが、続く東名高速道路でも生じた。海老名《えびな》SA（神奈川県）の施設建築計画を委嘱された菊竹清訓《きくたけきよのり》が同様な試みに意欲を燃やした。丹下の場合と同様に、地形的に中央に建築施設を集めるのが合理的との判断であった。しかしこれも建設省（当時）の許可は得られなかった。道路管理の立場からは、一般の建築物への波及を恐れているためのようであった。デパートの新旧両棟を結ぶ連絡橋などで、商品陳列を厳しく禁止しているのも、その趣旨である。当時、私は日本道路公団本社で東名高速道路のICやSAの全体計画を担当しており、この形式の実現に意欲を持った。同僚で建築士の資格を持つ松本洋《まつもとひろし》とともに建設省に足しげく通った。その窓口である道路局の高速道路課長栗田武英《くりたたけひで》も理解を示してくれたが、結論はノーであった。以後、同様な試みは断念されたが、その必要が全く消滅したとは思えない。

たとえば、東関東自動車道の湾岸幕張《まくはり》PAは成田《なりた》国際空港と東京都心を結ぶ最重要ルートに位置しているから、狭いエリアはいつも混雑している。ここは両側を他の道路が並行していて拡張の余地はない。こうした場所など、今でもすぐに適用すればよいと思われる。供用中の道路での架設は困難を伴うだろうが不可能ではあるまい。きたる二〇二〇年の東京オリンピック・パラリンピックへのはなむけとして実現してみてはどうだろうか。JRなど鉄道施設では近年、エキナカなど駅施設の商業化が著しい。鉄道線路の上空に商業施設を設けることが競争のように実施されている。道路だけが超然としている時代ではないのではないか。

今後のあるべき日本の道

日本の道が進むべき方向は二つある。一つは、頂点の高速道路についてであり、他の一つは底辺の身近で日常使う道である。

高速道路については、第一にネットワークを充実させて、災害など有事の際のリダンダンシーを強化することが挙げられよう。そしてさらにその先には新東名・新名神など規格が一段と高い道路では、さらに安全性と安定性を充実させた先進的な構造を持つことが期待される。道路はその歴史の上で、人が歩き車の走る土台を提供するだけだった。しかし、これらの先進的な道路では、道路と車がシステムとして一体化して、より高い安全性と確実性を求めてゆく複合的で双方向の組織体として成長してゆくことが期待されよう。

高速道路のように高い規格と機能を持つ道路では、システムとして二つの機能を持たねばならない。第一はネットワークとしての機能であるが、第二には道路そのものが高度のシステム機能を持っていることを強く意識する必要がある。平成二十五年（二〇一三）に起きたボーイング787型機のトラブルのことを思い出してみよう。これは同型機種搭載のバッテリーの不具合によって、日本のみならず世界中の同型機種が半年近くにわたって、飛行中止に追い込まれるほどの問題であった。機体とかエンジンなどの飛行機の根幹にかかわるものではなく、いわば付属品程度の存在でも、いったんトラブルを生じれば飛行機全体の死命を制することになることを示している。

これは決して飛行機のような高度なシステムを持ったものに限ったことではない。高速道路もまたその働きがますますシステム化し、一度事故が起きれば全システムに大きな影響をもたらす。平成二十四年（二〇一二）十二月に発生した中央自動車道笹子《ささご》トンネルの天井板崩落事故も、天井板の吊り金具の老化という一見平凡な原因でも、道路システムの一部として機能している限り、システム全体に重大な影響をもたらし、時として人命にかかわることを示しているのだ。このことを忘れては高速道路という高度なシステムの運用ができないことを、関係者は肝に銘ずべきである。

また、身近な道路については、これもまた単に人や車の移動空間を提供するだけでなく、上水道、下水道、電気、ガス、通信など、ライフラインの収納施設としての役割がより多く期待される。電柱が乱立し、無秩序に電線が張り巡らされている道路空間は、地域景観からの問題だけでなく、災害時の安全確保のためにも、早急に改善し、このような電柱、電線を撤去して地中化せねばならない。道路についてやらねばならないことは、まだたくさんある。道路特定財源が廃止されたからといって、道路への投資の必要性は全く減ってはいないのである。

みんな道路だ——総合道路法を作ろう

今や東京のシンボルの一つになった感のある東京ゲートブリッジについて、都道何号線で

図7―5　東京ゲートブリッジ（写真・読売新聞社）

すかと質問しても、はかばかしい答えは返ってこない。実は東京ゲートブリッジは、国土交通省関東地方整備局が建設して、完成後は東京都港湾局が管理している「港湾道路」と呼ばれる道路である。いわゆる道路予算でなく港湾関係の資金で造られたもので、道路法に定められた道路ではないのである。だから国道でも都道府県道でもない。道路法から見れば「はぐれもの」なのだ。

日本には、農林水産省の管轄する農道や林道のように、道路法で規定する道路以外にもさまざまな道路がある。民間経営の有料道路である一般自動車道や専用自動車道も、道路法規定の範囲外である。さらに私道もこの部類である。私道といっても一定以上の幅を持っていなければばならないし、臨海地の工場などで、その先の人工島に行くために立派な道路橋を造っている場合もある。

平成十九年（二〇〇七）から翌二十年にかけて土木学会がすぐれた土木構造物に対して土木学会デザイン賞を贈った。その総数七〇点ばかり、そのなかにはもちろん数多くの道路橋がある。面白いことに施主ではなくデザインした人びとに対して贈ったものだから、その名称は分かってもその法律的な所属などは分からないものが多い。このなかには道路法上の道路であるものもあるが、ふれあい橋（栃木県小山《おやま》市）やスプリングひよし展望連絡橋（京都府南丹《なんたん》市）などは、いずれも公園内の橋で、とても道路法上の橋とは思えない。それでも土木構造物のすぐれたデザインとして表彰資格を得ている。

昭和六十一年（一九八六）、当時の建設省が主導して、「日本の道一〇〇選」を選んだ。全国の名だたる街並みや街道が選定されたが、いずれも道路法上の道路である。いっぽう、須《す》藤《どう》英一《えいいち》『日本百名道』（二〇〇二年）では、法律の規定に関係なく白山《はくさん》スーパー林道や上高地《かみこうち》乗鞍《のりくら》林道などの林道や、箱根芦《あし》ノ湖《こ》スカイラインのような道路運送法に基づく会社経営の有料道路も選んでいる。

このように道路法上の道路以外にも親戚筋のすぐれた道路がいくつもあり、私道もある。

これらすべての道は一つの仲間である。道はつながることで生きていくのである。道という仲間はすべて同じだ。道路法上の道路だけでなく、すべての道、すべての道路は一つの仲間である。そのことによって道はつながり、生きていくのである。

そのことを確認するためにも「総合道路法」を作るべきではないだろうか。すべての道路が持つべき普遍的な理念と最小限の構造を示す法律である。建築基準法は、すべての建築構造物に規定が及ぶ。建築物の公私などにこだわらない。道路交通法も同じだ。道路の種別で扱いが異なることなどあり得ない。その考え方を道路法にも応用すべきである。

あとがき

道路の歴史を勉強しているうちに、道路ほどその国の歴史を反映している存在はない、と確信するようになった。道路史を綴《つづ》るのに一般の史書を常に座右に置かねばならないことに気がつき、それならば道路の歴史をひもとけば、逆に通史が理解できるかもしれないと考えた。その成果が本書である。果たしてその試みが成功したかどうかは、お読みいただいた読者諸氏の判断を待たねばならない。

なお、これから道路史あるいは交通史を学ぼうとする方々に、参考書についてご説明しておきたい。まず古代の関係は近年、研究が急速に進んだ。その頂点は木下良『日本古代道路の復原的研究』（吉川弘文館、二〇一三年）である。これは木下の研究成果というより書名どおり研究方法の開陳であるが、おのずと古代道路研究の最新の状況が一望できる。ただこれは古代に限定されており通史ではない。残念ながら通史については、新しいものは見られない。総合的な交通史としてもっとも新しい児玉幸多《こだまこうた》編『日本交通史』（吉川弘文館、一九九二年）ですら、当時すでに進展著しかった古代道路の発掘実績に触れず、「古代の道は幅二メートルほどのものであったろうし、中央から離れたところや支道に至っては『けものみち』を多く出ないものであろう」と書いて古代道路研究者の失笑を買った。一般史書で、「都を中心とした計画的、直線的な大道が造成され」云々とはじめて書いたのは、網野善彦《あみのよしひこ》著『日本社会の歴史（上）』（岩波新書、一九九七年）である。

なお、私は本書を著すにあたって、いささか古い書物であるが、坂本太郎《さかもとたろう》『交通と通信の歴史』（郵政弘済会、一九五八年）を大事にした。この図書は今や稀覯《きこう》本だが、幸い坂本太郎著作集第八巻『古代の駅と道』のなかに収録されている。同書は、通史を原始・古代・中世・幕藩体制の四区分として、それぞれの時代の特徴を、エピソードを交えて分かりやすく説いている。本書もかなりその恩恵を被っている。ただし、この書を含め前記の『日本交通史』など一連の交通史関係図書は、すべて江戸時代までで、明治から現在までの、近代・現代を通史的に扱ったものは、筆者の『道 I・II』以外にはない。これらを含めた新しい交通史、道路史の出現を待つこと切なるものがある。本書がその一端として貢献できたら幸いである。

思えば、道路の歴史を勉強して、すでに三〇年余になる。旧関東地方建設局勤務以来、親しく付き合ってきた同期の浅井新一郎に、あるとき「どうして君はそんなにシャカリキに勉強するんだい」と問われたので、「道路の歴史を地で行くような生涯を経てきて安心立命の境地にある君には分からんだろうが、私などいつも勉強しなければ、という強迫観念に悩まされているんだよ」と答えたものだった。その浅井も今は亡い。

最後に、この本の出版には多くの方々のご助力、ご協力をいただいたが、とりわけ竹本恒行、山形渡、向山花織の三氏にはそれぞれの分野でご尽力をいただいた。また毛利千香志氏には本書の企画立案にあたってお世話になった。中公新書編集部の酒井孝博氏はじめ中央公論新社の方々には多大のご面倒をかけた。各位に感謝と敬意を表したい。

また今年（二〇一五年）一月に他界された木下良先生に本書をお目にかけることができなかったことは、きわめて残念でならない。先生は私の古代駅路・高速道路関連説にいち早く賛意を示され、私を古代交通学界の仲間に遇して下さった。謹んでご冥福を祈るものである。

平成二十七年四月　桜の散りはじめる日

武部健一

参考文献

【共通】
武部健一『道のはなし　Ⅰ・Ⅱ』技報堂出版　一九九二年
武部健一『道　Ⅰ・Ⅱ』法政大学出版局　二〇〇三年
木下良『日本古代道路の復原的研究』吉川弘文館　二〇一三年
木下良監修・武部健一著『完全踏査　古代の道』吉川弘文館　二〇〇四年
木下良監修・武部健一著『完全踏査　続古代の道』吉川弘文館　二〇〇五年
坂本太郎『坂本太郎著作集　第八巻　古代の駅と道』吉川弘文館　一九八九年
ジョセフ・ニーダム著、協力・王鈴、日本語版監修・東畑精一・藪内清、田中淡ほか訳『中国の科学と文明　第一〇巻』思索社　一九七九年
シュライバー著、関楠生訳『道の文化史』岩波書店　一九六二年
藤原武『ローマの道の物語』原書房　一九八六年
中国公路交通史編審委員会・土木学会土木史研究委員会日中古代道路研究会「中国古代道路史概要　1・2」『道路』一九九一年五～六月
武部健一「アーチは東漸したか」『第九回日本土木史研究発表会論文集』一九八九年
村上良丸・長友成樹『道路建設講座　9　道路

【第一章】

トンネル』山海堂　一九七二年
円仁著、足立喜六訳注・塩入良道補注『入唐求法巡礼行記　1・2』平凡社東洋文庫　一九七〇・八五年

【第二章】

岸俊男「古道の歴史」『古代の日本　五　近畿』角川書店　一九七〇年
豊田武・児玉幸多編『体系日本史叢書　二四　交通史』山川出版社　一九七〇年
井上光貞等校注『日本思想大系　三　律令』岩波書店　一九七七年
宮崎敬士「熊本県花岡木崎遺跡」『山国の古代交通』古代交通研究会第一六回大会資料　二〇一一年

【第三章】

小山靖憲『熊野古道』岩波新書　二〇〇〇年
木本雅康『古代官道の歴史地理』同成社　二〇一一年
徳仁親王『テムズとともに――英国の二年間』学習院教養新書　一九九三年
近江俊秀「道路跡一覧」『古代交通研究』第七～九号、一九九七～九九年
新城常三『鎌倉時代の交通』吉川弘文館　一九六七年
石井進・大三輪龍彦編『よみがえる中世　三　武士の都　鎌倉』平凡社　一九八九年
新城常三『戦国時代の交通』畝傍書房　一九四三年
土木学会編『明治以前日本土木史』岩波書店　一九三六年
坂本太郎「交通と通信の歴史」『坂本太郎著作集　第八巻　古代の駅と道』吉川弘文館　一

九八九年
藤原良章・村井章介編『中世のみちと物流』山川出版社　一九九九年
石橋新次「中世後期の陸の道・川の道――筑後地方」『交通史研究』第八三号　二〇一四年
服部英雄『峠の歴史学――古道をたずねて』朝日選書　二〇〇七年
大島延次郎『日本交通史概論』吉川弘文館　一九六四年

【第四章】

松村博『大井川に橋がなかった理由』創元社　二〇〇一年
田中丘隅「民間省要」『日本経済大典　第五巻』明治文献　一九六六年
井上通女全集修訂委員会編『井上通女全集　修訂版』香川県立丸亀高等学校同窓会　一九七三年
田辺聖子『姥ざかり花の旅笠――小田宅子の「東路日記」』集英社　二〇〇一年
前田淑編『近世女人の旅日記集』葦書房　二〇〇一年
十返舎一九著、麻生磯次校注『東海道中膝栗毛　上・下』岩波文庫　一九七三年
豊田町誌編さん委員会編「紀行文」『豊田町史　別編1　東海道と天竜川池田渡船』一九九九年
丸山雍成『参勤交代』吉川弘文館　二〇〇七年
コンスタンチン・ヴァポリス著、小島康敬・M・ウィリアム・スティール監訳『日本人と参勤交代』柏書房　二〇一〇年
忠田敏男『参勤交代道中記――加賀藩史料を読む』平凡社　一九九三年
前田育徳会編『加賀藩史料』清文堂出版　一九

七〇年
斉藤司ほか「近世東海道の維持管理について」『土木史研究講演集　二四巻』二〇〇四年
武部健一ほか「近世東海道の路線計画と道路構造について」『土木史研究講演集　二四巻』二〇〇四年
木下良ほか「近世東海道の道路延長と一里塚の尺度について」『土木史研究講演集　二四巻』二〇〇四年
藤村万里子ほか「近世東海道の並木について」『土木史研究講演集　二四巻』二〇〇四年
松村博『日本百名橋』鹿島出版会　一九九八年
武部健一「北国海道——参勤交代現代道中記」『道路』二〇〇三年四月～〇五年三月
武部健一「近世東海道の橋梁の全貌とその分析」『土木史研究講演集　三一巻』二〇一一年
小泉袈裟勝『度量衡の歴史』原書房　一九七七年

【第五章】

山田珠樹訳註『異国叢書　第4　ツンベルグ日本紀行』駿南社　一九二八年
丸山光太郎『土木県令・三島通庸』栃木県出版文化協会　一九七九年
幕内満雄『評伝　三島通庸——明治新政府で辣腕をふるった内務官僚』暁印書館　二〇一〇年
川田忠樹『ニューヨーク・ブルックリンの橋』科学書刊　一九九四年
因藤泉石「ニューヨーク覚え書（二）——ブルックリン橋と〝こんぴら〟絵馬」『ことひら56』二〇〇一年
イサベラ・バード著、高梨健吉訳『日本奥地紀

行』平凡社東洋文庫　一九七三年
イザベラ・バード著、時岡敬子訳『イザベラ・バードの日本紀行　上・下』講談社学術文庫　二〇〇八年
イザベラ・バード著、金坂清則訳『完訳日本奥地紀行　1〜4』平凡社東洋文庫　二〇一二〜一三年
アーネスト・サトウ著、坂田精一訳『一外交官の見た明治維新　上・下』岩波文庫　一九六〇年
アーネスト・サトウ著、庄田元男訳『日本旅行日記　1・2』平凡社東洋文庫　一九九二年
アーネスト・サトウ編著、庄田元男訳『明治日本旅行案内　上・中・下巻』平凡社　一九九六年
宮本勉編著『史料編年井川村史　1・2』名著出版　一九七五・七八年
齊藤俊彦『くるまたちの社会史——人力車から自動車まで』中公新書　一九九七年
函館市史編さん室編『函館市史　通説編　第三巻』函館市　一九九七年
木下彪注釈『大正天皇御製詩集』明徳出版社　一九六〇年
藤原勝永『兵庫県の道路元標』神戸新聞総合出版センター　二〇〇二年
内山謙治『道のしるべ——失われゆく街道の遺産「道路元標」のゆくえ』私家版　二〇〇四年
日本道路協会編『日本道路史』一九八九年
橋本政子「満洲国　哈大道路に関する史的研究」『土木史研究講演集　三三巻』二〇一三年
越澤明『満州国の首都計画』日本経済評論社　一九八八年

【第六章】

蔵谷来三郎編『道を拓く——高速道路と私』全国高速自動車国道建設協議会　一九八五年
伊東孝編『土木史研究におけるオーラルヒストリー手法の活用とその意義―実践編　高橋国一郎氏』伊東孝　二〇〇六年
米田雅子『田中角栄と国土建設——「列島改造論」を超えて』中央公論新社　二〇〇三年
保阪正康『田中角栄の昭和』朝日新書　二〇一〇年
アラン著、串田孫一・中村雄二郎訳『幸福論』白水Uブックス　二〇〇八年
日本道路公団30年史編集委員会編『日本道路公団三十年史』日本道路公団　一九八六年
須藤英一『日本百名道』大泉書店　二〇〇二年

【終章】

竹本恒行「イギリスにおける道路政策と交通管理の概況」『交通工学』一九八四年十二月
林望『ホルムヘッドの謎』文藝春秋　一九九二年
武部健一「リンボウ先生のラウンドアバウト考」『交通工学』一九九四年三月号
中村英樹「「日本における安全でエコなラウンドアバウトの実用展開」特集にあたって」『国際交通安全学会誌』Vol.39, No.1　二〇一四年
東北地方整備局『「東日本大震災」の対応について』二〇一一年

地図・図版作成　山田信也（スタジオ・ポット）
特記以外の写真は著者撮影
図3―8、5―11は編集部撮影

本書掲載の地図は、国土地理院長の承認を得て、同院発行の20万分1地勢図及び5万分1地形図を複製したものである。（承認番号　平27情複、第43号）
本書掲載の地図を複製する場合には、国土地理院の長の承認を得なければならない。

武部健一（たけべ・けんいち）

1925年，東京都生まれ．1948年，京都大学工学部土木工学科卒業．建設省・日本道路公団で高速道路の計画・建設に従事．日本道路公団東京建設局長，常任参与，（株）片平エンジニアリング社長，同会長，道路文化研究所理事長等を歴任．工学博士．2015年５月逝去．本書で交通図書賞，土木学会出版文化賞を受賞．

著書『インターチェンジ』（技術書院，1965年）
　　『道のはなしⅠ・Ⅱ』（技報堂出版，1992年）
　　『道Ⅰ・Ⅱ』（法政大学出版局，2003年）
　　『完全踏査　古代の道』（吉川弘文館，2004年）
　　『完全踏査　続古代の道』（吉川弘文館，2005年）
　　『漢詩　小倉百人一首』（道路文化研究所，2014年）
　　ほか

道路《どうろ》の日本史《にほんし》
中公新書 *2321*

2015年５月25日初版
2022年７月30日５版

著　者　武部健一
発行者　安部順一

本文印刷　三晃印刷
カバー印刷　大熊整美堂
製　　本　小泉製本

発行所　中央公論新社
〒100-8152
東京都千代田区大手町 1-7-1
電話　販売 03-5299-1730
　　　編集 03-5299-1830
URL https://www.chuko.co.jp/

Published by CHUOKORON-SHINSHA, INC.
Printed in Japan　ISBN978-4-12-102321-6 C1265

中公新書刊行のことば

一九六二年一一月

　いまからちょうど五世紀まえ、グーテンベルクが近代印刷術を発明したとき、書物の大量生産は潜在的可能性を獲得し、いまからちょうど一世紀まえ、世界のおもな文明国で義務教育制度が採用されたとき、書物の大量需要の潜在性が形成された。この二つの潜在性がはげしく現実化したのが現代である。

　いまや、書物によって視野を拡大し、変りゆく世界に豊かに対応しようとする強い要求を私たちは抑えることができない。この要求にこたえる義務を、今日の書物は背負っている。だが、その義務は、たんに専門的知識の通俗化をはかることによって果たされるものでもなく、通俗的好奇心にうったえて、いたずらに発行部数の巨大さを誇ることによって果たされるものでもない。現代を真摯に生きようとする読者に、真に知るに価いする知識だけを選びだして提供すること、これが中公新書の最大の目標である。

　私たちは、知識として錯覚しているものによってしばしば動かされ、裏切られる。私たちは、作為によってあたえられた知識のうえに生きることがあまりに多く、ゆるぎない事実を通して思索することがあまりにすくない。中公新書が、その一貫した特色として自らに課すものは、この事実のみの持つ無条件の説得力を発揮させることである。現代にあらたな意味を投げかけるべく待機している過去の歴史的事実もまた、中公新書によって数多く発掘されるであろう。

　中公新書は、現代を自らの眼で見つめようとする、逞しい知的な読者の活力となることを欲している。

中公新書

日本史

d4

- 2107 近現代日本を史料で読む　御厨　貴編
- 2554 日本近現代史講義　山内昌之・細谷雄一編著
- 2011 皇　族　小田部雄次
- 1836 華　族　小田部雄次
- 2379 元老―近代日本の真の指導者たち　伊藤之雄
- 2492 帝国議会―西洋の衝撃から誕生までの格闘　久保田　哲
- 2528 三条実美《さんじょうさねとみ》　内藤一成
- 840 江藤新平（増訂版）　毛利敏彦
- 2051 伊藤博文　瀧井一博
- 2618 板垣退助　中元崇智
- 2550 2551 大隈重信（上下）　伊藤之雄
- 2212 近代日本の官僚　清水唯一朗
- 2294 明治維新と幕臣　門松秀樹
- 2483 明治の技術官僚　柏原宏紀
- 561 明治六年政変　毛利敏彦

- 1927 西南戦争　小川原正道
- 2320 沖縄の殿様　高橋義夫
- 252 ある明治人の記録（改版）　石光真人編著
- 161 秩父事件　井上幸治
- 2270 日清戦争　大谷　正
- 1792 日露戦争史　横手慎二
- 2605 民衆暴力―一揆・暴動・虐殺の日本近代　藤野裕子
- 2509 陸奥宗光　佐々木雄一
- 2141 小村寿太郎　片山慶隆
- 2660 原　敬　清水唯一朗
- 881 後藤新平　北岡伸一
- 2393 シベリア出兵　麻田雅文
- 2269 日本鉄道史　幕末・明治篇　老川慶喜
- 2358 日本鉄道史　大正・昭和戦前篇　老川慶喜
- 2530 日本鉄道史　昭和戦後・平成篇　老川慶喜
- 2640 鉄道と政治　佐藤信之

中公新書

日本史

d2

- 2127 河内源氏　元木泰雄
- 2573 公家源氏—王権を支えた名族　倉本一宏
- 2655 刀伊の入寇　関　幸彦
- 1622 奥州藤原氏　高橋　崇
- 1867 院　政（増補版）　美川　圭
- 608/613 中世の風景（上下）　阿部謹也・網野善彦・石井　進・樺山紘一
- 1503 古文書返却の旅　網野善彦
- 1392 中世都市鎌倉を歩く　松尾剛次
- 2336 源頼政と木曽義仲　永井　晋
- 2526 源　頼朝　元木泰雄
- 2678 北条義時　岩田慎平
- 2517 承久の乱　坂井孝一
- 2461 蒙古襲来と神風　服部英雄
- 2653 中先代の乱　鈴木由美
- 1521 後醍醐天皇　森　茂暁
- 2601 北朝の天皇　石原比伊呂
- 2463 兼好法師　小川剛生
- 2443 観応《かんのう》の擾乱《じょうらん》　亀田俊和
- 2179 足利義満　小川剛生
- 978 室町の王権　今谷　明
- 2401 応仁の乱　呉座勇一
- 2058 日本神判史　清水克行
- 2139 贈与の歴史学　桜井英治
- 2481 戦国日本と大航海時代　平川　新
- 2688 戦国日本の軍事革命　藤田達生
- 2343 戦国武将の実力　小和田哲男
- 2084 戦国武将の手紙を読む　小和田哲男
- 2593 戦国武将の叡智　小和田哲男
- 1213 流浪の戦国貴族 近衛前久　谷口研語
- 2665 三好一族—戦国最初の「天下人」　天野忠幸
- 1625 織田信長合戦全録　谷口克広
- 1782 信長軍の司令官　谷口克広
- 1907 信長と消えた家臣たち　谷口克広
- 1453 信長の親衛隊　谷口克広
- 2421 織田信長の家臣団—派閥と人間関係　和田裕弘
- 2503 信長公記《しんちょうこうき》—戦国覇者の一級史料　和田裕弘
- 2555 織田信忠—天下人の嫡男　和田裕弘
- 2645 天正伊賀の乱　和田裕弘
- 2622 明智光秀　福島克彦
- 784 豊臣秀吉　小和田哲男
- 2557 太閤検地　中野　等
- 2265 天下統一　藤田達生
- 2357 古田織部　諏訪勝則